抗逆

RESILIENT CLASSROOMS

教室

CREATING HEALTHY ENVIRONMENTS FOR LEARNING
（SECOND EDITION）

让学习不再艰难

· 第 2 版 ·

大夏书系｜西方教育前沿

[美]
贝斯·多尔 (Beth Doll)
凯瑟琳·布雷姆 (Katherine Brehm)
史蒂文·朱克 (Steven Zucker)
/
著

任明满　钱荃　倪虹
/
译

华东师范大学出版社
· 上海 ·

上海市版权局著作权合同登记　图字：09-2020-001 号

谨以此书献给给艾迪生、伊丽莎白，

以及所有需要学会珍惜学习的

学生们！

/ 关于作者 /

贝斯·多尔（Beth Doll）博士是内布拉斯加大学林肯分校教育与人文科学学院的副院长和心理学教授。她曾担任过三个州立大学心理学协会以及美国心理学会第 16 分会（学校心理学分会）的官员。多尔博士的研究致力于培养学生的抗逆力，提高学生的幸福感，构建学校心理健康模型。此外，多尔博士还关注如何有效评价学校心理健康服务的影响。她围绕抗逆力、学校心理健康、自我决定、情绪障碍识别和学生友谊等问题发表了大量专业文章。多尔博士喜欢与教师、社区成员一起建立研究共同体，并将研究生纳入其中。

凯瑟琳·布雷姆（Katherine Brehm）博士是一名实践型的学校心理学家，曾服务于伊斯列塔独立学区（德克萨斯州）和丹佛公立学校（科罗拉多州）。她是德克萨斯大学埃尔帕索分校和科罗拉多大学丹佛分校心理系的一员。作为学校心理学家，布雷姆博士努力引领学校心理学家拓展跨学科的视野，强化心理健康服务与学习的关联性，同时为教师提供在职训练，改善对有注意力缺陷儿童的教育效果，并帮助学区规划实施基于标准的教育改革。她擅长提供咨询，撰写过关于学校情绪和行为问题干预的书籍，发表过一系列与抗逆力相关的论文，并完成了家庭治疗和神经病学的博士后课程。

史蒂文·朱克（Steven Zucker）博士是丹佛都会区学校心理学的私人顾问。他是科罗拉多大学丹佛分校的一员，在樱桃溪公立学校（科罗拉多州）担任学校心理学家达 17 年之久，长期致力于创建包容残疾学生的学校环境。朱克博士参与撰写了科罗拉多州的"未来蓝图"，该蓝图是科罗拉多州为学生提供的综合教育和心理健康服务项目。他的一大贡献是将抗逆力、系统变革和包容性实践介绍到科罗拉多州乃至全美国。朱克博士与贝斯·多尔博士共同开发了班级图谱模型，并担任第一个班级图谱项目的协调员。在编写本书时，他在包容性实践、系统变革和学校心理健康方面的经验发挥了不可替代的作用。

/ 致 谢 /

我们要特别感谢我们的研究生助理考特尼·温默（Courtney Wimmer）和金伯利·亚历克斯（Kimberly Alex），他们负责搜集参考文献，修订书稿，准备数据和表格，保证了本书撰写的系统性和进度。没有他们的大力协助，我们不可能完成本书第 2 版的写作。很多同事在教学中积极践行我们的理念，并提出了宝贵的意见和建议。仔细倾听同事的反馈，并对他们的判断进行深入思考使我们受益匪浅，特别是有几位同事分享了自己的案例研究，使本书的内容更加丰富。

其次，我们必须感谢在过去 12 年中与我们一起工作的众多研究生：塞缪尔·桑、史黛西·科斯、艾琳·锡默斯、苏茜·弗莱斯纳、艾琳·斯特拉西、玛丽·凯利·哈克、考特尼·莱科拉尔、莎拉·库林、埃里森·钱皮恩、埃里森·奥斯本、艾谱莉·特纳、明迪·查德韦尔、克里斯汀·比伯、卡迪·佩特里、布鲁克·查普拉、乔纳森·西科尔、艾瑞卡·弗兰塔、凯特琳·坎特里尔。他们中的许多人已经在教育研究或实践中取得了初步的成果。

最后，我们衷心感谢参与本书撰写过程的老师和同学们，他们对教室和学生福祉及改进策略的独到见解使我们茅塞顿开。他们慷慨地提供建议，并鼓励我们不断前行，使我们备受鼓舞。

/ 译者序 /

近年来，我国在促进教育公平、提升教育质量方面取得了举世瞩目的成就，教育普及水平实现历史性跨越，义务教育基本均衡，城乡义务教育均衡和一体化发展进入新局面。受学生基数巨大、地区发展存在差异等因素的制约，城市中农民工子女比较集中的学校，部分偏远落后地区，特别是留守儿童、贫困家庭儿童等处境不利学生较多的学校，其教育公平、教育质量问题仍然面临一些挑战。本书认为，相较于针对个体的定点帮扶，改善教室环境可以更全面地惠及学生的学业、情感和人际关系发展，更高效地改善教育均衡水平。贝斯·多尔、凯瑟琳·布雷姆、史蒂文·朱克三位作者长期关注青少年抗逆力研究，既有卓越的理论建树，也长期从事教育改进的实践，这塑造了本书理论与实践水乳交融、操作性强的特点，可以为我国处境不利学生的教育、培养提供参考和借鉴。

本书综合了国外 20 世纪 70 年代以来关于抗逆力研究的成果，将之聚焦到"抗逆教室"的建设上，从学习效能、行为自控、自主学习、有效的师生关系、有效的同伴关系和有效的家校关系六个方面界定了"抗逆教室"的内涵，每个方面都是从教育价值、教室常规与实践案例三个方面展开，从整体到局部，系统介绍了建设"抗逆教室"的基本路径。需要说明的是，上述六个方面并非截然分开的，而是相互关联、密不可分的，一个方面的改善，往往也会带来其他方面的变化。

评价"抗逆教室"是衡量教室建设成效、调整教育改进策略的关键一环。本书比较了教室氛围调查、社会指标评估、分层调查、档案数据的优劣，追求简单、实用、可重复使用的评估策略，以跟踪教室发生的变化，最终确定将班级图谱量表作为替代性评价策略，开发了多种评价量表、班级会议记录表、任务单，并提供了丰富的资源链接。虽然中外教育情境差异很大，但也面临着一些类似的挑战，书中很多案例所讲述的故事，同样可以令拥有不同文化背景的教育工作者感同身受，这些经过实践验证的工具和资源可以为开发本土化的评价工具提供新的思路。评价在不同阶段发挥着不同作用，在开始进行"抗逆教室"建设之前，收集基线数据对班级进行基本评估，可以为规划和实施教室改革打下基础；建设过程中，通过班级会议、数据分享等方式，使学生深度参与到计划和决策过程中，充分发挥其积极性、主动性，唤醒其自主精神，逐步培养其自主能力。评价与抗逆教室建设紧密结合的一个核心是实证精神，基于证据的教育决策，往往比基于经验的决策更加理性、客观。

影响抗逆教室建设的内部因素、外部因素很多，很多因素是动态变化的。其中，教师最了解教室发生变化的原因，掌握提供支持的时机和调整干预强度的灵活性，可以发挥协调变革、促进学习目标落实的核心作用。以教师为核心，充分整合教室内外部资源，关注抗逆教室建设过程中发生的微观变化，及时调整干预措施，并将教室变革融入学校的系统改革中，是建设抗逆教室务实、有效的策略。

本书译者具体分工如下，作者信息、致谢、第1章、第2章、第7章至第10章，任明满译；第3章至第6章，钱荃译；倪虹对本书核心内容进行了审校；目录中核心关键词的翻译是团队多次协商的结果；最后由任明满整理并统校。衷心感谢程晓云、韩多贝编辑对本书翻译工作的专业支持，感谢重庆市玉带山小学丁茜老师在资料整理、图文核对等工作中的辛勤付出。

任明满

2023年3月24日

目 录
Contents

第 1 章　抗逆教室简介

抗逆学生是指那些尽管面临巨大困难仍然取得成功的学生。尽管早年生活面临贫困、虐待、疾病和被忽略等严酷的挑战，他们仍然取得了成功。他们取得了较高的教育学位，拥有成功的职业生涯，收入稳定，拥有健康、快乐的家庭，并回馈他们所在的社区。抗逆儿童的传奇是美国民间传说的一部分。在童话中，尽管忍受了继母多年的虐待，灰姑娘仍然成为了公主，从此过上了幸福的生活。霍雷肖·阿尔杰（Horatio Alger）的小说讲述了 19 世纪末的移民中，一个白手起家的青年人通过勤奋和努力工作成为富裕企业家的故事。我的祖母常说"自力更生成就自己"，其中隐含着个体抗逆的信念。

对风险和抗逆力的进一步研究发现，这些"自力更生"的传奇大多是虚构的。尽管大量长期被剥夺权利的孩子们在巨大的困难下取得成功也是事实，但这并不是因为他们能够单枪匹马克服各种风险。相反，真正抗逆的孩子是那些弱势但受益于社区的关怀、支持和指导的孩子。在埃米·沃纳（Emmy Werner）关于发育障碍的经典研究中，那些克服高风险童年的孩子，通常有至少一个关系亲密的看护人，或者能够从其他成年人那里获得抚育（Werner，2013）。迈克尔·鲁特（Michael Rutter）对怀特岛（Isle of Wight）的研究表明，高风险儿童如果获得有效养育，受到成人的积极熏陶，患精神疾病的可能性较小（Rutter，2010）。富有奉献精神、充满爱心的社区将这些富有抗逆力的孩子导向成熟健康的成年。实际上，是"社区中的孩子"有抗逆力，而不是孩子本身。

本书的假设是，学校教室可以成为促进抗逆的社区，为弱势儿童提供必要的支持和指导，使他们能够投入学习并获得成功。通过教育、儿童发展和心理学方面的示范性研究，我们描述了抗逆教室的特征，解释了为什么每所学校都要以追求卓越的学术使命为前提，以及为什么必须将这些支持嵌入到抗逆教室中。最后，我们描述了实用的、基于数据的策略，这些策略可以将抗逆力融入教室的常规和实践中。我们的最终目标是重塑当前对学校教育与儿童心理健康之间关系的理解，并反思现有的策略，从而为弱势儿童在学校的成功和心理健康提供支持。

为什么改变教室环境，而不是儿童？

北美的学校正承受着压力，既要达到不断提高的卓越学术水平标准，又要教育大量高风险儿童。今天，在学校接受教育的 4900 万儿童中，有 18% 生活在极度贫困的条件下，他们的家庭很可能无力支付下个月的房租或暖气费（Annie E. Casey Foundation，2010）。2008 年，有 772000 名儿童在身体或情感上受到虐待或忽视，而其中的 161000 名儿童因遭受的虐待过于严重，而必须被寄养到其他家庭中（Children's Defense Fund，2010）。每五名儿童中就有一名符合《精神障碍诊断和统计手册》（DSM-IV-TR；American Psychiatric Association，2000；Hoagwood & Johnson，2003；U.S. Department of Health and Human Services，1999）中的至少一种精神疾病的诊断标准。常见的学校班额是 25 人，按照这种患病率，每个教室

> 每个教室可能平均至少有五名学生有重大精神健康需求，四名学生生活贫困，一名学生遭受严重虐待。

可能平均至少有五名学生有重大精神健康需求，四名学生生活贫困，一名学生遭受严重虐待。位于贫困、失业、犯罪和暴力集中的社区的学校，学生不可避免地会出现更高的患病率。

传统模式主要通过"改变孩子"的策略来满足这些需求：为有需要的孩子提供个人和团体心理健康服务，通过教会孩子们更新认识、改善社交和应对技巧、加强自我管理策略来帮助他们克服困难。但发展风险方面的研

究者质疑这些传统策略是否可以有效改变高风险儿童的发展轨迹（Doll & Cummings，2008；Hoagwood & Johnson，2003；Knitzer，2005）。更重要的是，国家统计数据表明，社区精神卫生或社会服务机构未能为大多数高风险儿童提供服务（Hoagwood & Johnson，2003；U.S. Department of Health and Human Services，1999）。在全国范围内，有12%—15%的学龄儿童迫切需要心理健康服务，但社区服务者未能及时提供。学校无法聘请足够的学校精神卫生专业人员，以"改变孩子"的方式满足这些孩子的需求。这种供给与需求的巨大差距促使学校改变思路，即满足弱势儿童的社会和情感需求，以便他们即使面临风险，仍然可以积极投入学习并取得成功。本书的假设是，将替代策略融入儿童的日常生活中，潜移默化地为儿童提供支持，其效果将更持久、更成功。

现有的风险、抗逆力和学校教育有效性研究，可以为高风险儿童设计融入性的支持系统提供蓝图。纵向研究表明，儿童能够在逆境中发展能力，是因为相应的支持系统已经开始运作以保护儿童，并抵消阻碍其能力发展的潜在威胁（Doll & Lyon，1998；Werner，2013）。作为重要的支持系统之一，监护者与儿童之间形成紧密的养育关系，可以使儿童受到成人榜样的感召，激发儿童的自我效能，鼓励儿童进行自我调节，主动设定远大目标并为之努力，支持儿童之间建立和谐的、有效的同伴关系，在家庭内部、家庭之间以及为家庭服务的正式和非正式社区团体之间建立"联系"。詹姆斯·科默（James P. Comer）在贫困的城市中心学校的经历同样说明，孩子们既需要富有爱心的成年人陪伴，也需要支持孩子整体发展的学校环境（Comer，Haynes，Joyner & Ben-Avie，1996）。小学心理健康计划的发起人埃默里·科恩（Emory L. Cowen）认为，促进心理健康的学校环境具有如下特征：支持学生对成年人的安全依恋，帮助学生发展与其年龄匹配的能力，使孩子处于增强健康的环境中，赋予孩子权利，并为孩子做好有效应对压力的准备（Cowen，1994；Cowen et al.，1996）。学术、社会和情感学习合作组织的相关活动和出版物印证了科恩的观点（CASEL，2003；Zins，Weissberg，Wang & Walberg，2004）。科默、科恩等人（Comer，Cowen et al.，1996）以及学术、社会和情感学习合作组织通过改变学校教育的社会背景，成功提高了高风险儿童的学习成绩。随后，美国国家研究委员会和医学研究所（NRC / IOM，2004）的研究综述认为，非常成功的学校致力于：（1）培育学生和教师参与的、富于关怀和支持性的社区，促使学生积极地投入学习和个人成长；（2）使学生对自己成功的期望最大化；（3）促进学生的自主

> 为学生提供高质量的支持性关系，着力促进学生自主能力发展，可以保护他们免受社会逆境的某些有害影响。

性和自我调节能力的发展。综上所述，多个团队的研究结果均表明，为学生提供高质量的支持性关系，着力促进学生自主能力发展，可以保护他们免受社会逆境的某些有害影响。

尽管如此，先前的很多研究仍然强调建立卓有成效的基础架构的重要性。实际上，学生大部分在校时间都是在教室环境中度过的，因此本书将重心转移到教室环境。学生与教室环境之间的互动是复杂的，既可能最大化每个学生成功的机会，也可能减少他们成功的机会（Barth, Dunlap, Dane, Lochman & Wells，2004；Pianta，2001）。因此，学习问题不只源于学生自身，也源于学生与教室某一个或多个功能之间的不协调（Pianta & Walsh，1996）。

如何改变教室环境？

人类发展的生态系统理论提供了促进教室变革的框架。这一框架将每个孩子描述为整个综合生态系统的一部分，即"教室中的孩子"（Bronfenbrenner，1979）。教室生态系统主要由教师、学生和物理环境构成。本书还关注到了这个生态系统中不太明显的特征，例如学生每天早出晚归的家庭、周边学校及其政策、学校常规和学校所在的社区等。

系统论观点认为，教室系统的变化有赖于教师、学生、父母以及教室中其他成员或定期访问教室的其他人的共同努力。孩子和教室是密切联系

的，不能单独改变其中的一个。如果教师、家长和学生之间相互支持、精诚合作，教室系统将会持续优化，并对教室常规和教学实践产生持久的影响（NRC / IOM，2004；Pianta & Walsh，1996）。如果教师或系统中其他工作人员孤立地、单方面地对教室施加影响，由于缺乏必要的协调，可能会给教室系统其他方面带来意料之外的后果。发生这种情况时，系统的张力可能会使教室回到以前的状态，导致改革工作失败。

以刘易斯为例，刘易斯是一名患有致命性哮喘的四年级学生，他的班级与其他三个班级都位于开放式教室的"套房"中。刘易斯服用的强效哮喘药物使他分神，无法专心学习。他很少完成日常学习任务，尽管他的智力很高，但仍被分配到阅读和数学等学习节奏较慢的小组。刘易斯的老师坐在他的书桌旁，将他与其他同学隔离开，以免他打扰其他同学的学习。结果刘易斯只能花更多时间做白日梦，甚至频繁忘记学习任务。学校护士认为他的不专注与哮喘有关，便制订了强化计划，以保证他会记得每天两次去办公室取药并接受治疗。强化计划持续了三周，刘易斯又变得健忘。截至年底，刘易斯已因拒不与医务人员合作而闻名。

然后，五年级时刘易斯被分配到一个完全不同的教室。该班运用精确的管理程序组织教学。每天，学生们将作业写到笔记本上，并记下尚未完成的作业。课堂作业始终写在黑板上的固定位置。教师向学生讲授教室常规活动的标准流程，例如参加测验、撰写随笔或检查数学试卷。课间休息时，学生针对班级存在的问题召开班级会议来制定解决方案，然后将问题向班级进行汇报。按照课桌位置将四人分为一组，保证每组之间有足够的空间。学生形容他们的教师"严格但很酷"。到10月，刘易斯已经脱胎换骨，他通常能够按时完成任务，记得去办公室吃药。班上的观察者注意到他通常对自己的任务非常投入。学校休息室的谈话也表明，刘易斯终于成熟了，经过夏季学期几个月的努力，他注意力不集中的问题已经得到解决。我们提出了另一种可能：新的教室常规和人际关系营造了一种氛围，促使刘易斯展现出了自己的能力。

教室如何提供有效的学习环境？教育者需要成为协调变革、促进学习目标落实的催化剂。这就要求他们：（1）了解教室成为健康学习场所的原因；（2）认识到在教室中提供必要支持的时机；（3）必要时进行干预以加强这些支持；（4）证明他们的干预措施增强了教室里孩子的学习和发展。要强化支持，需要明白如何让教室的所有成员都参与进来，以共同努力改变教室的生态。

在这本书中，我们将经过测试的、基于数据的问题解决模型应用于生态教室变革的任务。研究表明，如果能够清晰地描述问题，有确定的变革目标，有效收集干预之前、之中和之后的数据，并实施干预计划，就可以有效改变学生的行为（Burns & Symington，2002；Gutkin & Curtis，2009）。全国学校心理学家协会（NASP）在其《专业实践标准》（NASP，2006，2010）中认识到了该框架对于基于数据的决策机制的极端重要性。当这一模式应用于教室变革时，以下情况将使生态教室干预更加有效：

- 精确描述必要且具体的教室支持。
- 基于数据的需求评估，描述干预前和改善后的教室环境。
- 教师、学生和其他教学参与者共同规划教室生态系统，对教室某些抗逆特征不足的原因提出假设，并提出分阶段的变革计划，明确将做什么、何时做和由谁完成。
- 提供证据，表明干预措施是否严格遵循干预计划开展，并通过数据描述因干预而产生的教室变化。
- 对干预前后的数据进行细致而全面的比较，通过数据了解教室干预措施对学生成功的影响。

在许多方面，这种变化周期类似于学校的反应干预（RTI）框架，用于系统地检查个体干预对学生学业或行为缺陷的影响（Brown-Chidsey & Steege，2005；Burns & Gibbons，2008）。抗逆教室基于数据的决策以教室的整体水平为目标，而大多数反应干预决策以单个学生为目标。尽管如此，这两个框架是高度兼容的。如果在学校中普遍采用抗逆教室策略，则可以最大程度地减少学生在学习、行为或学术参与方面的问题，从而减少需要反应干预项目的学生总数，或者提高这些项目成功的可能性。同时，对单个干预项目的需求将永远不会完全消失。即使在高度灵活的教室学习环境中，仍然会有一些学生在学习、行为或学术投入方面存在困难，因而这些学生仍然需要个性化的反应干预项目。抗逆教室和反应干预项目相结合，可以保持学校教室的系统性，使成人和学生都参与其中，并为学生的学术、行为、社交和个人成功提供更全面的支持。

这种变革模式还极大地借鉴了过去 20 年来为促进学生的社会、情感和心理健康而制定的普遍预防项目（Doll，Pfohl & Yoon，2010）。在学校中，这些预防项目通常以"三角"或"金字塔"的形式表示。在普遍层面，可以对学校中的所有教室进行筛选，以描述它们为学生的学业成功提供的支持。在第二层面，缺少一个或多个支持及支持不足的教室将参加抗逆教室变革活动。如果经过两个或两个以上的课堂变革周期后，教室在提供支持方面仍然存在显著缺陷，教师可以实施一种人为的、基于证据的干预，或争取额外的资源介入。在每一层面，收集正在进行的教室需求的数据，为参与更宏大的教室改革项目提供支持。

这本书有什么帮助？

这本书旨在培养学校心理学家、教师、管理人员、学校辅导员、学校社会工作者和其他教育工作者成为创建抗逆教室的催化剂，以支持学生的学业成功。为了实现这一目标，第 2、3、4 章利用现有的发展和教育研究来描述抗逆教室，包括支持最佳学习条件的教室特征以及有助于形成上述特征的教学实践和活动。第 5 章描述了评价抗逆教室要素的方法。我们强调简单、实用、可重复使用的评估策略，以跟踪教室发生的变化。第 6 章和第 7 章解释了如何使用评估数据，使所有教室参与者来理解班级的优势和局限性，并为教室变革计划做出贡献。第 8 章描述了加强教室人际关系和支持学生自主性的干预策略，以及识别和评估来自其他研究的干预策略。第 9 章解释了如何评估教室变化对学生学业成功的影响，以及如何让其他利益相关者了解抗逆教室的活动。最后，第 10 章描述了如何将这些"改变教室"的策略融入到现有的强调"改变孩子"的策略的学校心理健康服务中。贯穿全书的个案研究，展示了一线教育工作者在日常工作中是如何使用这些策略的。附录中提供了班级地图调查和抗逆教室任务单的副本。

第 2 章　什么是抗逆教室？

抗逆教室是所有孩子在情感、学业和社交方面都能取得成功的地方。有三个相对独立的研究领域关注如何为促进儿童成功提供基本环境支持：弱势儿童风险和抗逆力的发展研究、弱势儿童学业成功基础的教育研究，以及探讨在什么条件下可以将残疾儿童纳入普通教室的特殊教育研究。虽然这三个研究领域基于不同的研究目的，但它们的研究发现明确了预测儿童能力发展的一些共性特征。

我们对抗逆教室的操作定义很大程度上借鉴了 20 世纪 40、50 年代发起并在 80、90 年代走向成熟的发展风险研究（Werner，2013）。这些纵向研究经过精心设计，方法合理，并在六个以上独立研究小组中重复进行，研究结论令人信服。每项研究都对社区的孩子进行了数十年的追踪，以识别那些可以预测重要人生成就的家庭、社区和孩子自身的特征，例如孩子的教育成就、就业、经济独立和社会适应能力。这些研究的结果高度一致，可以确定一部分风险和抗逆力因素，这些因素最终可以预测孩子的生活状况（Doll & Lyon，1998；Masten，2001；Werner，2013）。这些研究的一个惊人发现是，最有力的预测因素不是孩子自身的特征，而是孩子成长的家庭和社区的特征。这个非常重要的发现促使我们建议，应将抗逆力概念化为守护孩子成长的环境属性，而不是个别儿童自身的属性（Doll & Lyon，1998）。

生活在贫困的城市社区中的儿童给学校教育带来了特殊的挑战，因为他们生活在"高风险的生态系统"中（Pianta & Walsh，1996）。除了贫困之外，还存在频频出现的社会暴力、家庭不和与日益匮乏的医疗保健等预示着不良生活结果的因素，始终伴随着这些儿童的成长过程。在满足这些儿童的广泛需求方面，出现了几个成功的项目。这些项目殊途同归，都强调了加强社区成员、家庭和学校之间的人际关系的重要性。学校发展项目（Comer et al., 1996）的基石是建立一个社区——学校团队，旨在加强学生与教职员工之间以及教职员工与学生父母之间的关系。该项目的最终目的是让学校的成年人与孩子们保持一种可预测的和充满关怀的和谐关系。同样，初级心理健康项目（Cowen et al., 1996）指派非专业的同伴，与处于学习失败风险中的幼儿建立关爱、信任和可预测的关系。"全员成功"学校项目（Slavin & Madden, 2001）实施了内容丰富的阅读课程，并辅以家庭支持小组，显著提高了家庭对子女教育的参与度。上述三个项目都定期收集学校教职员工的反馈数据来监测学校的进步。经过精心计划和收集，公开数据结果可以显著推动变革的步伐。在最近的一项举措中，美国研究机构与学术、社会和情感学习合作组织合作，系统地评估了芝加哥公立学校学习的社会情感条件（Osher & Kendziora, 2010），然后汇总并发布了数据，以便家长、社区成员和学校领导可以广泛使用。这一数据结果迅速成为进行教育规划和决策的依据，以促进学校成功。

美国每11个公立学校儿童中，就有一个被确诊存在残疾（U.S. Department of Education, 2010）。可悲的是，和健康儿童相比，这些残障儿童接受的教育并不成功。他们的辍学率是正常儿童的两倍，进入高等学府的机会只有正常儿童的一半，即使毕业也很难找到心仪的工作（President's Commission on Excellence in Special Education, 2002; Reschly & Christenson, 2006）。尽管如此，我们仍然可以看到一些进步。1995年到2005年，拥有正规高中文凭的残疾学生比例从42.4%增加到54.4%，辍学的比例从46.8%下降到28.3%（U.S. Department of Education, 2010）。提高残障儿童的学习成绩需要改善其接受正规教育的教室的学习条件，因为大多数残障儿童在这种教室里度过了80%的时间（U.S. Department of Education, 1999）。特殊教育研究试图确定提高残障儿童教育成就所需的一般教育条件。例如，当同龄人在学业和生活上互相支持，并且社会环境允许同伴之间频繁的互动时，残疾儿童的社会融合就更好（NRC / IOM, 2004; Salisbury, Gallucci, Palombaro & Peck,

1995）。当同学们支持、帮助残疾学生并乐于与他们交朋友时，残疾学生的学习将得到改善（Johnson，Johnson & Anderson，1983）。学生掌握学习权，并以有意义的方式与热情而富于关怀的教师（Reschly & Christenson，2006）一起应用知识，学生会更加积极地参与课堂学习活动（Pullin，2008）。

通过分析上述发展研究、教育研究和特殊教育研究，我们确定了最有可能促进儿童在学业和人际交往方面走向成功的教室环境的六个特征，在这样的教室里：（1）学生认为他们是有能力和有效的学习者（学习效能）；（2）学生设定并努力实现自我选择的学习目标（自主学习）；（3）学生在鲜有成人监督的情况下，行为得当，适应良好（行为自控）；（4）老师与学生之间保持关怀和真诚的关系（师生关系）；（5）学生与同学之间保持着持续的、有益的友谊（同伴关系）（6）家庭了解并督促学生课堂上的学习（家校关系）。一个重要的假设是，教室的这些方面都有助于强化学生的学习投入——他们有意识和有目的的努力——而这些强化的努力使学生学习的数量和质量都得到改善（NRC / IOM，2004）。实际上，美国国家研究委员会在报告中开创性地提出，这样的学习环境对所有学生都很重要，但对处境不利学生则尤为重要。他们的逻辑是，处境良好的学生也可能会在学习中步履蹒跚，但他们可能有更多的资源和机会去解决这些问题，而处境不利学生获得成功的机会很有限。

> 抗逆教室的六个特征是学习效能、学习自主、行为自控、牢固的师生关系、有效的同伴关系以及密切的家校关系。

本书将用这六个特征作为抗逆教室的操作定义。在传统的学业成功模式中，学业成功通常被理解为个别孩子的特征。例如，玛莎可能因为对自己的学业充满信心而被视为具有很高的学习效能，而梅丽塔则被视为在学习效能方面有问题，因为她放弃得太早，不愿意尝试艰难的工作。从对这项研究的述评中，我们发现有证据表明，教室常规和实践对形塑这些特征有很大的影响。例如，鼓励的话语、及时的帮助以及追求成功的氛围可以提高梅丽塔、玛莎以及所有同学的学习效率。此外，教室特征是可以改变的，学生每周花30个小时在一起学习，改变教室，就能改善所有学生的学习成就。

本章明确界定了抗逆教室的每一个特征，并将每一个特征与提高学业参与度、改善学业表现、降低学生辍学率以及将残疾学生更成功地纳入正规教室联系起来，形成一个经过实证的知识库。第 3 章和第 4 章对每个特点进行了详细的解释，包括打造抗逆教室的实践和常规，教室的每个特点、为什么培养孩子的能力，以及解释是什么塑造了教室环境的每个特点。

学习效能

学习效能指向学生对自己学习能力和在教室取得成功的信念。它是一种自我实现的预言：期望成功的孩子采取的步骤使他们有可能成功；而那些期望失败的孩子，其行为方式几乎注定了他们的失败（Bandura，1997）。学生的学习效能会影响他们的关键成就行为，例如他们的毅力、在学习上花费的精力、组织学习任务付出的努力、尝试困难任务的意愿，是否在需要时寻求帮助以及是否以成功的必要方式行事（Ryan，Patrick & Shim，2005；Schunk & Pajares，2005）。从信念、感觉到采取行动构成一个循环，成就行为是循环的第一步，在上述循环过程中，学业成就高的孩子比学业成就低的孩子完成更多的学习任务，运用更多元的学习策略，学习自信心更强。这些行为有助于学生取得学习成功并积累相关经验，进而提高以后完成类似任务的效率。实证研究已经非常清楚地表明，不同任务的效能感是不同的（Bandura，1997）。例如，某些学生可能在数学上取得成功，但是在阅读或写作上却面临失败。尽管如此，一门学科的效能感仍会促进学生的整体效能感，并可以应用到其他任务中（Lorsbach & Jinks，1999）。在我们自己的中小学工作中，大多数学生对自己取得成功的能力表现出了足够的信心，他们"经常"或"几乎总是"期望自己在学习任务中表现出色，掌握所学知识（Doll，Spies，Champion，et al.，2010；Doll，Spies，LeClair，Kurien & Foley，2010）。

在教室里，学生在能够提高成功可能性的教学支持下，应对挑战性学习任务，可以催生学习效能（Bandura，1997）。当学生看到他们的同学成功地完成了类似的学习任务时，学习效能也会得到增强。当学生情绪低落或沮丧时，学习效能会降低（Schunk & Pajares，2005）。也许最重要的是，早期从老师和同学那里得到的有说服力的反馈强化了这一点，即所有的学生都可以成功。在抗逆教室中，学生会定期收到针对其学习任务的及时反馈，这些反馈鼓励他们督促自己走向成功（Pastorelli et al.，2001）。面对显而易见的成功，学生有机会一起彼此祝贺。因此，在教室里效能是相互感染的：学生逐步构建起全班同学共同学习和成功的集体效能感（Bandura，Caprara，Barbaranelli，Gerbino & Pastorelli，2003；Schunk & Pajares，2005）。

例如，在一个二年级的教室里，学生们为定时数学计算测试而苦恼不已，该测试每周要进行两次才能满足学区对数学计算的要求。老师指出，学生的数学技能高于学区所建议的考试成绩。通过一次全班学生调查和一次班级会议，学生们解释说他们在考试中做得不好，很紧张，预计会失败，而且许多人怀疑同学比自己更有能力。为了提高成功的可能性，老师在每次定时考试之前带领学生进行简短的放松练习。接下来，教师帮助学生总结考试技巧，以提高他们的表现水平。最后，为了让学生注意到自己的成功，教师绘制了教室的整体表现图表，并为他们的成功进行了庆祝。

学习效能对学习有什么影响？效能感强的学生更有可能成为自律型学生；他们为学习设定目标，在学习方法上具有策略性，并评估自己的表现（Schunk & Pajares，2005）。因此，这就不难解释，为什么研究一再表明，具有较高学业效能的孩子会获得更高的成绩，在测试和其他作业中表现更好，并在学校中取得更大的成功（Pajares & Schunk，2002；Pintrich，2003）。更重要的是，申克和帕哈雷斯（2009）解释说，教师可以帮助学生提高效能感，从而提高他们的学习成绩。

行为自控

行为自控是学生在教室里行为得当和自我调节的程度。对学习至关重要的教室行为包括对教师和课程的反应、对学习任务的积极关注、与同伴的有效互动以及从一项学习活动过渡到另一项学习活动过程中的高效转换（Reynolds & Kamphaus，2004）。妨碍学习的干扰性和破坏性行为包括坐立不安或四处走动、对教师或课程不专心、不合时宜地发出声音、对同学有攻击性或破坏性的倾向。大量研究表明，教师可以通过强调教室纪律来认真监督和系统处理前因和后果以控制学生的课堂行为（Bear，2010；Bear，Cavalier & Manning，2005）。不过，如果严格的行为应急管理措施是由教师强制执行的，一旦成年人不在场观察并提示学生，他们可能仍然无法控制自己的行为（Bear et al.，2005；Osher，Bear，Sprague & Doyle，2010）。无论教室中是否存在权威，学生的学习行为都恰如其分时，便可以说教室进入了行为自控的状态。

> 无论教室中是否存在权威，学生的学习行为都恰如其分时，便可以说教室进入了行为自控的状态。

齐默尔曼（Zimmerman，2000）认为，个体学生构建自我控制框架要经历三个阶段：提前考虑行动（未雨绸缪）、按计划行动（此时此刻）以及事后反思行为的影响（回想）。复杂的教室生态系统可能使学生易于被控制或受到损害。例如，一个令人不安的学生可能会在教室里坐立不安、来回游荡、与同学争吵，以及大声喧哗，搅扰全班。需要教师给予极大关注的困难学生，会分散教师在课堂上与学生进行积极互动的时间。又或者由于教室行为标准混乱、缺乏指导学生有序过渡的教室常规、教室设施不舒适或拥挤不堪，导致教室学习环境不利于学生学习。更重要的是，如果老师和学生之间的互动是令人沮丧和消极的，这会极大地阻碍本可能发生在教室的学习（Lane，Pierson & Givner，2003）。因此，小学生和中学生对其同学遵守规则的评分在班级图谱量表中普遍得分较低，这一问题值得高度关注（CMS；Doll，2005；Doll，Spies，Championet al.，2010；Doll，Spies，LeClairet al.，2010）。

一间二年级教室里，早读课程经常因学生在课桌旁大声争吵而被打断。争论每天早上都要爆发几次，并且经常严重扰乱早读秩序，以至于老师不得不离开他正在指导的阅读小组来解决冲突。老师对课程频繁中断而感到沮丧，学生们担心这些伤人的争论，不愿在课间一起玩。为了解决这个问题，老师和班上同学商定出了一些无需教师帮助就能解决争论的简单规则。接下来，全班通过几次角色扮演活动来熟悉规则。最后，全班学生在老师的帮助下追踪了他们在解决争执方面的进展，结果课程中断现象日渐减少，为此师生举办"星期五爆米花派对"来奖励自己。这种针对自我控制的指导将课程中断次数从平均每天 21 次减少到平均每天 3 次。

适应性课堂行为既是学业成功的结果，也是导致学业成功的原因（Hawkinset al.，2003；NRC／IOM，2004；Osher et al.，2010）：问题行为损害了学业成绩，而学业失败则导致学生退学和破坏规则的现象增多。部分原因是教室问题行为减少会相应增加分配给教学的时间，而随着学习投入时间的增加，学生的学习也会得到改善（Mitchem，Young，West & Benyo，2001；NRC／IOM，2004）。当帮助学生监控自己的行为并就是否以及如何行为得当做出决策时，他们的学业会显著进步（Bear，2010；Bearet al.，2005；McDermott，Mordell & Stoltzfus，2001）。

自主学习

自主决定是学生逐渐形成自主权的核心。自主性强的学生有自己的学习目标，能够发现和解决可能阻碍他们实现目标的问题，并有计划地朝着自己的目标前进（Black & Deci，2000；Deci & Ryan，2008a）。他们认同学业学习的重要性，并自我支配在学习上付出的时间和努力（Brophy，2004：Masten，2001；Masten et al.，1999）。因为他们对自己的学习承担个人责任，所以他们会肯定自己的成功，并对暂时的失败做出反应，修正目标，制订新的行动计划或加强改进策略。当被问及在多大程度上对自己的学习负责时，我们先前调查的大多数学生都描述了一定程度的自主性：典型的中小学生报告说，他们"有时"或"经常"尽力而为或努力学习，虽然并没有必须这样做的要求（Doll, Spies, Champion et al., 2010；Doll, Spies, LeClair et al., 2010）。

在教室里设置学生需要掌握的学习目标，而不是促进学生同伴竞争的目标，旨在让学生掌握新技能或理解能力，有助于增强学生学习的自主性。此外，抗逆教室可为学生提供实践、反馈和直接指导，以设定学习目标、做出决策、解决问题和对学习技能进行自我评估（Brophy, 2004）。这些关键技能使学生能够指导自己的学习。

例如，一位八年级数学老师担心他的学生无法自主达到州八年级数学标准的要求。他们似乎没有意识到这一事实，如果学生在年底不能达到一项或多项标准，则他们将无法毕业并转入高中数学课程。为了使学生努力达到州标准，老师在教室前的公告板上张贴了一张大图，学生每达成一项标准，教师都会在相应位置做标记。接下来，他为班级提供了一个关于目标设定和决策的教学单元，着重强调班级总体目标：所有学生在年底前达到州数学标准的要求。学生为个人学习活动设定个人目标，以提高他们在数学标准测试中的成功率。班级每周进行一次汇总，届时学生将标记他们在实现个人目标方面的进步，班级将评估其在实现班级目标方面的进步。通过这种目标导向的行为支持，学生在州标准测试中的表现得到了显著改善。

一直以来的研究表明，自主性强的学习者好奇心更强，喜欢更具挑战性的任务，倾向于独立掌握新技能，认为自己更有能力，并且具有更高的自我

> 自主性强的学习者好奇心更强，喜欢更具挑战性的任务，倾向于独立掌握新技能。

效能感（Black & Deci, 2000；Deci & Ryan, 2008a）。此外，当学生朝着他们认为重要的教学目标努力时，他们会表现得更好并且学习毅力更加坚定（Assor, Kaplan & Roth, 2002；Brophy, 2004；Pajares & Schunk, 2001, 2002）。归根结底，学生自主能力提高与学习活动参与度、概念学习水平的提高以及所学知识保留率的提高呈正相关关系（Hughes, Wu & West, 2011；Lau & Nie, 2008；Linenbrink, 2005；Pajares & Schunk, 2001）。

有效的师生关系

当师生关系温暖、投入、真诚、反馈及时，以高期望为特征，并为班级提供结构化的、明确的限制时，师生关系最为有效（Pianta，1999；Rudasill，Reio，Stipanovic & Taylor，2010；Wentzel，2002）。但是，有效的师生关系是极为复杂的，很难完全列举出来。师生关系也是基于情感的体验，源于老师与学生的持续互动。在许多情况下，学生对老师的依恋类似于但不如对父母的依恋（Kesner，2000）。当下的教师同时与班上所有孩子互动，限制了他们与其中任何一位学生所能达到的人际关系亲密程度，并使师生关系变得隔膜、刻板。皮安塔（Pianta，1999）指出，班级规模越大，教师对每个学生的积极反应就越少。而且，学生人数的增加使教师随时要迎接优秀学生在一些重要方面带来的挑战。教师通过最大程度地关注和赞美学生，来控制与学生的关系。高效的老师表扬学生的频率是批评学生的三到四倍（Sutherland & Wehby，2001；Walker，Colvin，& Ramsey，1995）。大多数老师在与学生建立有效的关系方面都非常成功。几项独立研究发现，学生们在班级图谱量表"我的老师"分量表上的评分一直是八个分量表中最高的（Doll，2005；Doll，Spies，Champion et al.，2010；Doll，Spies，LeClair et al.，2010）。

在课堂上，师生关系通过提高学生对成功的期望，使学生坦然面对失败，并使他们积极地与新知识互动来促进学习。在建立促进学生学习的教学关系方面，教师承担更大的但不是唯一的责任。学生们也会对师生关系的质量和表达方式产生一些影响。实际上，虽然和教师相比，任何一个学生对师生关系的影响都很小，但是教室里所有学生累积起来的影响就可能占据压倒性的优势，特别是对于刚入职的教师而言。

举一个小学合唱教师的例子，一群五年级学生认为教师傲慢自大、居高临下，课堂活动很无聊。因此，每当他们被要求集体在教室的升降台上唱歌时，几个男孩便偷偷地用他们手表上的水晶将阳光反射到教师的秃头上。班上的其他人很难控制他们的咯咯笑声。老师经常抱怨说，由于某种原因，这一届五年级学生是他教过的最难教的学生。一旦班级陷入这一状况，教师就无法单方面修复他与这些学生的关系。

在学校中，学生、教师和其他成年人之间建立关爱关系，始终与提高学生的学业投入、改善学业成就和提高学生对学校的满意度密切相关（Baker 2006；Hamre & Pianta，2001；NRC / IOM，2004；Rudasillet al.，2010）。对于生活在逆境中的学生（Hamre & Pianta，2005）或在学习和行为问题上存在困难的学生（Brooks & Goldstein，2007），这种关系甚至更为明显。即使在竞争激烈的教室里，有爱心的老师也可以提高学生的学习效率（Ryan，Gheen & Midgley，1998）。相反，学生处于孤立状态，在个人层面上与教师之间缺乏有意义的关系，会导致学校教育走向失败（Ang，2005；Murray & Malmgren，2005；Murray & Murray，2004；Rudasill et al.，2010）。确实，辍学学生一再表示，他们离开学校的主要原因是那里没有人真正关心他们（Kortering & Braziel，2002）。科默（1993）强调，在为贫困青年或少数民族青年服务的学校中，师生关系特别重要，他说，如果不能重塑社区意识，学校不可能以任何有意义的方式影响贫民区儿童的生活。

有效的同伴关系

学校教室里的同伴关系，通常是孩子在父母的监督之外独立建立的第一种人际关系。当教室里所有孩子都成为相互支持的朋友，并且知道如何快速解决彼此之间的冲突，以使双方在不破坏彼此友谊的前提下都满意时，同伴关系才有效（Doll & Brehm，2010；Doll，Murphy & Song，2003）。与建立友谊相比，两种方法中，解决冲突的能力更应受到关注，因为未解决的冲突可能恶化为侵略性的身体或言语对抗，从而给教室内正在进行的活动带来极大的破坏。在极端情况下，这些可能会构成安全隐患。尽管在所有正常的同伴关系中都存在冲突（Cairns & Cairns，2000），但在健康的人际交往中，大多数学生可以忽略或解决较小的冲突，从而维持友谊并继续进行交往。增进同伴友谊在塑造教室的社交氛围方面也起着重要作用。有朋友的学生在学校享受更多的乐趣，因为他们可以一起坐公共汽车，一起在课间休息时玩耍，一起吃午餐，一起组建团队或者闲暇时在教室里交谈。最后，有朋友对孩子来说是一种保护因素，使他们在学校免遭同伴欺凌（Song & Sogo，2010；Song & Stoiber，2008）。

早期的研究在分析同伴冲突时倾向于将重点放在单个学生的缺陷上，并将学生的孤立感归因于学生的社交技能、社交接受度或社交认知方面的缺陷。但是，也可以改变教室环境，以使更多的学生被同伴接纳，减少冲突（Doll，2006）。当同伴之间经历相互接纳的过程，在一起愉快地玩耍，掌握了解决冲突的常规方法时，同伴关系特别有益。在常见的教室里，几乎所有的学生都拥有有益的友谊。平均而言，有4%的学生没有被任何同学当作朋友，有8%的学生被同学讨厌（Doll & Brehm，2010；Doll et al.，2003）。然而，许多教室中同龄人冲突的水平仍然十分惊人，在班级图谱量表的这个班级分量表中，学生的评分通常是八个分量表中最低的（Doll，2005；Doll，Spies，Champion et al.，2010；Doll，Spies，LeClair et al.，2010）。这种高度冲突的模式表明，学生对同伴友谊的评价不高。但是，大多数冲突与友谊并存，同伴互动越多，学生发生冲突的机会也越多（Doll & Brehm，2010；Gropeter & Crick，1996）。正如一个非常孤独的七年级学生曾经解释的那样："我从未与朋友产生过矛盾，因为我从未有过一个朋友。"尽管如此，有效的教学常规和实践可以催生积极的冲突管理策略，减少甚至消除许多同伴冲突的有害影响（Doll & Brehm，2010；Smith，Daunic & Miller，2002）。

例如，市内中学八年级的一个班级在为频繁的课间冲突深深苦恼，而且由于许多分歧升级为肉搏，所以学生经常被停课一天或几天。老师认为，学生们对中午多次发生的打架感到紧张和害怕，希望学校能更严格地执行校规。但是，一次班级会议显示，学生们抱怨最多的，是因为无所事事而感到无聊。课间，学生在一块很大的混凝土地板上休息，上面有四个篮筐，除此之外就没其他娱乐设施了。于是，老师们购买了一些简单的游戏用品——沙包、海绵橡胶飞盘、跳棋和一些跳绳，学生们可以带着它们一起出去玩。结果，教室的停课率显著下降。

同伴关系对社会能力发展的重要性已得到充分证明。在课堂上有一个朋友可以使学生更轻松地在教室里享受日常活动，在压力大时寻求安慰，遇到困难时就能得到帮助（Malecki & Elliott，2002；Wentzel & Watkins，2002）。另外，长期以来，残疾学生与同龄人相处困难，这是管理团队将残疾学生从普通班级转到独立项目的最常见原因之一（Schonert-Reichl，1993）。研究表明，友谊在促进学业成功中起着关键作用。朋友之间在学习上互相帮助（Zajac & Hartup，1997），塑造彼此在学校和学习中的乐趣（Wentzel & Watkins，2002），强化彼此坚持上学并认真学好的意愿（NRC / IOM，2004）。也许最需要引起重视的是，在小学阶段不被人喜欢的学生，辍学率是普通学生的五倍（Barclay，1966；Ladd，2005；Pellegrini & Bartini，2000）。

有效的家校关系

许多家长在孩子的学校里并不引人注目，特别是中学生的父母，他们很少参与孩子的学校学习（Adams & Christenson，2000；Christenson，2004）。结果，家庭和学校之间的关系经常变得尴尬和被动，教师也很难与学生的家庭合作。教师常常将家长参与定义为参加家长会、学校集会或课堂活动（Anderson & Minke，2007；Fan & Chen，2001）。但是，系统研究表明，父母在家中采取的行动对孩子的成功可能比父母在学校里所做的任何事情都更为重要（Grolnick，Friendly & Bellas，2009）。重要的家庭活动包括对孩子看电视进行监控、提供安静的学习场所、检查作业是否完成以及落实教师的纪律要求等。当老师告诉家长哪些具体的家庭活动最有可能帮助孩子在学校表现得更好时，家长积极参与的影响尤其明显（Hoover-Dempsey et al.，2005）。

家庭和学校之间沟通不畅严重制约着二年级学生的作业完成率。尽管每周要安排两次数学作业，但班上有三分之一的学生未能完成。大多数学生表示，他们不与父母谈论功课，也不确定父母是否知道他们在学校做什么。于是学生与老师一起设定了一个目标，要尽力完成所有家庭作业，并制定了新的规则，要求父母在家庭作业上签字。老师给父母寄送便条，说明何时布置作业，并要求他们在每份作业所附的作业核对表上签字。接下来，该班级制作了一份作业表，在上面记录所有已完成的作业。最后，当班级达到目标时，将在班级层面进行强化。家庭作业的完成率从平均 70% 上升到 89%，学生反馈，他们每天都会与父母交流功课情况。

当父母持续参与子女的教育时，他们的子女会获得更高的学业等级和考试成绩，留在学校的时间更长，并且更积极地参与学习（Buerkle，Whitehouse & Christenson，2009；Grolnick et al.，2009；NRC / IOM，2004）。家长参与度高的学生出勤率更高，休学率和辍学率更低（Christenson，Whitehouse & VanGetson，2008；Grolnick et al.，2009）。另外，父母离异的孩子出勤率会降低，辍学率会更高，他们将来更有可能未婚先孕，或者因触犯法律受到法院的裁决。

总　结

这六个特征形成了连接学生与班级共同体的纽带。第一条纽带强调教室内学生的自我介入——自主性、自我调节和自我效能；第二条纽带强调班级共同体成员之间的关怀和密切关系。这两条纽带对于创建促进学生成功的抗逆教室都非常重要。它们的重要性不仅体现在教育研究中，而且在过去 15 年中与我们合作的许多教师和校长也取得了进步。本书的贡献是建立在现有研究的基础上，提出精确的操作定义，创建知识库并使其可供学校实际使用。

抗逆教室个案介绍

紧接本章之后，您将看到斯蒂芬妮·韦森坎普（Stefanie Weitzenkamp）的案例研究，她展示了这些操作定义的实际用法。学生显然对课间休息的资源感到不满，她能够利用同伴关系的分析来检查问题的原因。她对操场环境的关注提高了学生与同伴之间关系的质量，这使得课间休息可能有助于而不是削弱学生对学校的归属感。

课间环境改变之旅

斯蒂芬妮·韦森坎普，韦恩州立大学

问 题

我开始担心课间休息，因为我的学生们每天午饭后都会生气地哭着走进教室。他们感到烦恼、沮丧和受伤，因为其他孩子不允许他们参加游戏。他们被忽略、拒绝，并被排除在课间游戏之外，无论我提了什么建议，也不管我们讨论了多少种现实情境和社交技巧，进行了多少次角色扮演，课间休息的结果都是一样的。我意识到我需要做出一些改变。2010年秋季开学时，我把课间休息安排到教学时间，因为我知道我和学生们在操场上的时间和在教室里的时间一样宝贵。每天我们都踢球或捉迷藏。尽管如此，课间休息还是很复杂，因为操场上的设备和秋千已经在夏天被拆除了，要等到工人们安装完残疾人专用的活动场地后才能进行更换。直到过完10月第一个完整的星期，学生们才可以玩这些设备。

使用学生日记和会议作为评估

2010年2月，我尝试通过一次学生会议来评估该问题，会议上三至六年级的孩子们聚在一起讨论课间休息。许多学生，不仅是我的学生，他们都分享说，他们厌倦了因为太矮、太慢、队伍已经满员或者其他可笑的借口而被排除在外，这意味着同学们不想让他们参加比赛。然后，在9月份，我要求学生和老师用三分钟写一篇日记，写作提示是"课间休息……"。学生们在写完日记后评论道："不好玩是因为没有操场设施""有时很有趣，但我想玩操场上的设备""可悲的是我们不能在操场上玩"。

制订计划

在最初的课间会议上，我解释了游戏诊所的想法，即我每周都会介绍一个任何人都可以玩的游戏。不管是谁，任何人都可以说我也会玩。我们花了一周的时间让游戏诊所真正运转起来，一开始我们尝试了一些户外标签游戏。我们玩的游戏像"竞速追逐"，是一种让人不停奔跑、大汗淋漓的游戏。在8月的阳光下，我们玩得忘记了时间，脸颊红润，筋疲力尽。开学两周后，我们决定踢球。所有人都受到欢迎，所有年龄的人都想玩，球队很容易挑选，我们可以努力奔跑，可以玩上整整一个小时。很快，我就拥有了25~50名球员。

效果如何

没过多久，游戏诊所对许多学生来说就变成了一件积极的事情。孩子们对游戏诊所的反馈非常积极，当我在11月份再次进行三分钟日记调查时，他们大多对我的写作提示"课间休息……"留下了"有趣""很棒""很酷"之类的评论。73%的孩子觉得他们"几乎总是"在课间和朋友们玩得很开心，他们喜欢有事可做。孩子们喜欢有人在那里，因为有成年人的参与，没有人打架或玩不公平的游戏。有趣的是，我做过的一项调查发现，65%的孩子承认，他们只有在被人监督的时候才会遵守游戏规则。其他的课间监督员认为，游戏诊所让课间休息变得更好，因为学生们有了一个安全的地方玩，不用担心被排除在外，也不用担心游戏是否公平。这让监督员的工作更容易，因为一些游戏诊所的参与者正是他们试图关注的学生。

总　结

　　游戏诊所对于学生的课间休息是非常积极的事情。精心筹划课间休息，使学生乐于承担责任并沉浸其中，乐此不疲，依然任重道远。强化监督，最好有成年人参与，可以确保在有限的时间内，每个学生都能尽情参与。

第 3 章　抗逆教室三种主要人际关系的特征

抗逆教室里的人际关系主要包括：师生关系，即学生感到被教师支持、尊重与珍视的程度；同伴关系，即学生与同学建立的有效和相互满足关系的程度；家校关系，即父母与孩子为班级工作提供支持所进行的沟通交流的程度（Baker，2006；NRC/IOM，2004）。这一章主要描述了一些典型案例，这些案例揭示了教室教学活动改善上述人际关系，为学生的学习与心理健康提供支持的内在机制。第 8 章用表格列出了强化教室人际关系的策略，包括简要的策略和基于论据的干预措施。

师生关系

当一个 13 个月大的孩子在堆积木时，无论成功与否，他的热情都会随着每一次尝试而越来越强烈。他掌握积木堆积的欢乐和决心是显而易见的。在有的家庭中，父母会鼓励孩子的每一次尝试，并重复"加油"。父母的鼓励对于一个孩子的能力发展来说是一种支持。如果成长在缺少父母鼓励的家庭中，孩子可能会走上一种自我怀疑、成绩不佳和沮丧的生活道路。同样，教师为学生提供强有力的情感支持，尤其是在早期阶段，会鼓励学生沿着发展学术和社会能力的道路前进（Bergin & Bergin，2009；Curby，Rimm Kaufman，& Ponitz，2009；Wentzel，2009）。而当老师的支持和关怀不那么频繁，或者对学生来说不明显时，他们就更容易动摇。在所有的学校关系中，师生关系对学生的学习成功影响最大（Doll et al.，2009）。

有效的师生关系是如何帮助学生成功的？

正如善解人意的养育方式可以提升孩子的安全感和能力，有效的师生关系以及学生对课堂的喜爱，也可以促进学生的学习参与、自信心和学业成功（Bergin & Bergin，2009；Pianta，1999；Rudasill et al.，2010）。对父母有着亲子依恋的孩子来到学校后，更容易与老师进行良好的互动。他们内化了父母看待世界和他们自身的价值观和信念，这些信念反过来又会影响他们的学校抗逆力、学习认知能力与情感能力。多项研究表明，无论种族、性别、社会经济地位和智力水平如何，幼儿园时期的亲子互动质量与高中毕业成绩及其他成绩呈正相关（Gregory & Rimm Kaufman，2008；Jimerson，Egeland，Sroufe，& Carlson，2000）。

感受到被教师重视的学生，同样会内化老师对待他们时的价值观和人生目标（Bergin & Bergin，2009；Wentzel，2009）。当学生意识到学习对他们所在意的老师很重要时，学习对他们也会更重要；并且，当他们感受到老师的信任与支持时，他们会更投入、更努力地学习（Frisby & Martin，2010；NRC/IOM，2004；Werner，2013）。一旦学生的参与感、动机被增强，他们就能够从教师提供的课程中获益。正如父母的掌声足以让孩子坚持堆积木一样，教师善解人意的反馈可以激发学生坚持不懈地应对挑战性任务的热情。高质量的师生互动培养了学生对教室的归属感，这种归属感与较高

> 当学生意识到学习对他们所在意的老师很重要时，学习对他们也会更重要。

的成就感、情感能力和对任务的坚持密切相关。对于被孤立的、有困难的学生来说更是如此（Bergin & Bergin，2009；NRC/IOM，2004）。

尽管大部分关于师生关系意义的研究都集中在小学，这种支持性关系在学生的中学阶段也非常关键（Juvonen，2007；Suldo et al.，2009；Wentzel，2009）。连贯性、可预测性、沟通的清晰度与结构化是学生获得教室安全感的重要基础；然而在中学和高中的过渡时期，会出现许多不确定性和使人

焦虑的因素。这种不确定性至少暂时会削弱学生与学校和教室的联系感，特别是在非常大的学校中。在青春期，师生关系会变得脆弱，但在中学时期，师生关系质量的下降并非不可避免（WunZel，2009）。中学生认为，当教师秉持公平，在情感层面上与学生建立联系，并创造一个鼓励提问和讨论的安全教学环境时，学生会感受到支持（Suldo et al.，2009）。并且，感觉与学校和老师有联系的高中生更有可能取得优异成绩并完成高中学业（NRC/IOM，2004）。可悲的是，在一份关于高中生辍学的多样化样本的报告中，只有56%的学生说他们可以和学校工作人员谈论学校问题，只有41%的学生说在学校时可以有人与之谈论个人问题（Bridgeland，DiIulio & Morison，2006）。这些学生报告说，他们在学校里最好的日子是老师们关注他们的时候。通过提高与学生互动的质量和频率，中学教师和教辅人员可以帮助学生成功地过渡到中学，并使他们保持安全感和联系感。

什么样的教室常规和实践能够增进师生关系？

一个非常简单的经验法则是，在愉快的活动中一起度过的时间会产生强有力的支持关系。因此，增加教师与学生相处的次数，组织能够使师生享受相处时间的活动，可以加强师生关系（Hamre & Pianta，2005；Pianta，1999）。根据这一非常务实的规则，教师可以通过与学生进行持续、频繁的对话，在教学中营造一种关爱的氛围来改善师生关系。学生报告说，关怀学生的教师会与他们交流，倾听他们诉说自己的忧虑，帮助他们完成学习任务，传达公平与关怀。这些教师分享自己的经历，他们的故事为学生灌输一种自信。他们对学生的日常生活感兴趣，关心学生的喜怒哀乐。他们创造了一种教室环境——在这个环境中"学生可以看到他们的学习、他们的意见和他们关注的东西被认真对待"（Developmental Studies Center，1996）。教师的关怀通过鼓励、建设性的反馈评价，以及对学生的高期望来传递（Wentzel，2009）。对于很多孩子来说，一个有爱心、可靠的老师可能会给他们提供一个成年人看待孩子的基本经验，帮助他们理解混乱的想法和感受，并给他们一种被理解的感觉。对一些孩子来说，这可能成为学习信任他人和自己的基石（Riley，2011）。如果教师时时想着学生，经常提醒他们分享集体经验，学生会对这些教师产生依恋。在高效的教室中，学生与提供支持的教师进行谈话意味着"关怀的传递"（Noblit，Dwight，& McCadden，1995）。通过频繁的反思性讨论（或反思性训练），教室可以成为一个舒适和安全的地方（Developmental Studies Center，1996）。

学生有时会主动发起对话，教师对师生对话的敏感度会影响他对教学的调整（Brooks & Goldstein，2007；Pianta & Walsh，1996）。每当学生带着重要的意见或问题来到教师面前时，教师不可能总是放下其他任务，但教师还是可以做出可靠的回应，即使这种回应有时会延迟。菲伯尔和马兹利什（Faber & Mazlish，1995）提出了回应学生意见的可选择的方法，以便学生离开时知道教师已经理解他们的忧虑并欣赏他们的能力。他们建议采用积极倾听的方法，为学生提供反馈，认可学生的经验而非责备或批评，帮助这些学生制订计划而不是提出解决方案。对话的语境也很重要，因为学生在与老师有眼神接触、坐在一起的谈话中会更加开放。一些老师使用个人留言板，学生可以在上面留言预约，与老师进行五分钟的交谈。学生们可以在这段私人时间里讨论他们感兴趣的任何话题，而且更有可能在这种一对一的谈话中分享个人信息。这些方法让学生感受到他们的想法和经历对老师很重要。

长期保持高质量的密切、融洽的师生关系，是营造安全的、支持性的教室环境的最重要因素（Wentzel，2009）。对于那些早期被其他成年人拒绝过的孩子来说，教师的接纳显得尤其重要。既要面对不断提高的成就标准的考验，还要应对教室里其他学生的挑战性或破坏性行为，这对教师来说是一项艰巨的任务。建立融洽关系的首要任务是了解学生，并帮助学生互相认识。通过让学生带来照片、纪念物或其他的个人物品，并交流这些物品对他们的重要价值可以加强彼此的熟悉程度。这类活动对于增强学生安全感至关重要，能够帮助学生在随后的课堂上或操场上与同学一起冒险。

每周的班级会议是帮助教师与学生相互了解、优化教室环境的另外一个方法。班级会议非常灵活，可以帮助学生适应教室规划或决策，解决社交或学习困难；或者只是在教室中让学生简单汇报他们的学习内容及行为方式。经常举行班级会议可以增强学生和教师之间的联系，并营造一种期望，即在教室中可以通过合作和相互满足的方式定期解决问题。

教师和学生之间的文化差异也会影响他们之间的关系，在提高师生互动质量时，必须关注文化价值观和期望。例如，拉丁美洲学生在我们的教育系统中的人数不断增加，是美国增长最快的族裔群体（U.S. Bureau of the Census，2004），但少数民族教师却代表性不足，只占公立学校教师的 16.5%（Ingersoll & May，2011）。幸运的是，教师和学生之间文化差异的不利影响似乎会在一个或多个学年里减弱。这表明，在适应期到来之前，教师最好不要对这些学生的社会能力过早做出判断，而是努力去熟悉学生。当少数民族学生意识到老师关心他们、信任他们、希望帮助他们、期望并鼓励他们达到高学业水平时，学生成绩的差距会大幅度减小（Hughes & Kwok，2007）。

> 在提高师生互动质量时，必须关注文化价值观和期望。

毫不奇怪，改善师生关系的微观策略（如表 8.2，见第 8 章）强调创造有意义和愉快的互动时刻或机会。并且，表 8.2 中描述的基于证据的干预是建立在这一原则的基础上的更系统的方式。

一个教室实例

G 先生是一位农村地区学校的七年级教师。他的学生主要是拉丁裔，大多数来自经济困难的家庭。由于学校的标准化考试成绩远低于州标准，学校已经接到通知，需要提高考试成绩。这导致一些教师将注意力集中在学习内容上，但 G 先生认为改善与学生关系的质量才是他的首要任务。他定期召开班会，讨论教室的日常生活质量。他从学生那里收集匿名的班级调查，要求学生描述他们对教室关系的看法。调查显示，G 先生与学生的关系非常紧密。学生们相信 G 先生总会找到一种方法来帮助他们学习最困难的材料。当被问到是什么让 G 先生的教室成为他们最喜欢的教室时，他们解释说，"是因为 G 老师创造了这个教室，而非他提供的材料""G 老师为这个教室定下了基调，也决定了我们的行为方式——这就是为什么我们能在这个教室中安静地学习，而在其他教室中做不到的原因""如果教师没有控制力，我们只能相互取笑，而非相互支持""我们的兴奋程度取决于老师的兴奋程度""他会单独地评价每一个小组——他不仅仅给我们答案，而且会帮助我们弄清楚整个过程""G 先生会倾听我们——如果我们没有理解某个问题，我们会有一个关于这个问题的教室讨论""他不会像对待小孩那样对待我们——他不会侮辱我们——他会听我们说话""这不是一个教室，这里充满了民主"。对于这些学生来说，教室关系对行为的影响是显而易见的。学生在这个最喜欢的教室里的社交行为和学习参与度远比在其他教室积极。

同伴关系

学生与教室同伴的关系可以高度预测他们在教室活动中的学业和社交参与度，以及学习成绩（Doll & Brehm，2010；Ladd，Herald Brown，& Kochel，2009；Pellegrini，2005）。有效的同伴关系能够在教室里创造一种社交环境，去促使学生积极地参与学习活动，保持对学业任务的兴趣，发展社交能力，并在学习上取得成功（Malecki & Elliott，2002；Wentzel，2009；Wentzel，Barry，& Caldwell，2007）。

有效的同伴关系是如何帮助学生成功的？

> 在抗逆教室里，关于学生如何互相交流才能够获得恰到好处的友谊及有效和令人满意地解决冲突是有范式与规则的。

在抗逆教室里，关于学生如何互相交流才能够获得恰到好处的友谊及有效和令人满意地解决冲突是有范式与规则的。这些范式和规则源于所有身处教室的学生和成年人的共同期望。这创造了一个社会环境，在这个环境中，学生重视并追求教室共享的交往和学业目标（Doll & Brehm，2010；Juvonen，2007；Wentzel et al.，2007）。当学生感觉到他们是这个教室中的重要成员时，就会更加投入到教室里的社交与学习活动中，学习也会得到提升。通过客观观察或评估来衡量这些关系的质量是不够的。但是，学生评分是衡量同伴关系的有力指标，因为从学生的角度来看，感知到的关系质量带来了一种重要的幸福感和社会关系感（Doll & Brehm，2010）。

共享、互助和合作等亲社会行为对于这些范式至关重要，因为它们为解决问题、激发学业动机等关键的学业过程奠定了基础（Wentzel & Watkins，2002）。教室里频繁的、促进亲社会行为的干预措施可以提高学业成绩，而频繁的、旨在提高学业成绩的干预措施则并不能增加亲社会行为。这种关系是双向的，但一些早期的证据表明，亲社会行为对成绩的影响远远强于成绩对同伴关系的影响（（Wentzel，1993，2009）。

然而，有效的同伴关系不仅仅是亲社会行为。在抗逆教室里，所有学生都与他们的同学建立了多种的同伴关系。他们一起吃午餐，一起休息，并在教室里度过学校时光（Buhs & Ladd，2001；Doll & Brehm，2010）。这些相互的同伴友谊是从一起做有趣的事情中产生的，当学生与他们的朋友经常进行愉快的互动时，这种友谊就得以维持。除了互相关心和分享之外，朋友们还会经常开玩笑、互相取笑、直呼彼此的名字、推推搡搡、模仿同伴的攻击行为，但在信任和亲密的友谊中，这些行为有着截然不同的意图（Pellegrini，2005）。

交朋友会给学生带来许多社会、学业和认知上的优势，例如提高学生在群体中的社会地位，减少他们遭受社会攻击的脆弱性，以及提供一个抵御轻微社会压力的缓冲（Pellegrini & Blatchford，2000）。当有朋友陪伴时，学生们会更好地准备应付挑战性的环境，比如进入一个新的班级或学校。在学业上，朋友之间也可以互相辅导，可以一起解决难题（Wentzel，2009）。在认知上，他们可以通过对话和分享经历来扩展彼此的理解，以掌握新的信息。最重要的是，朋友是把学生和学校联系在一起的纽带：交朋友和与朋友在一起的机会是学生对学校最看重的方面（NRC/IOM，2004）。当青少年的家庭凝聚力较低时，友谊也能起到补偿作用（Juvonen，2007）。在这种情况下，亲密和支持性的友谊会增强青少年的自我价值感和社交能力，使得他们与那些来自有凝聚力家庭的同龄人旗鼓相当。同龄人之间的关系也会让学生感到苦恼和分心。教室里发生的冲突会阻碍友谊，干扰学习活动和教室常规（Pellegrini，2005）。学生与同学、朋友发生正常的同伴冲突，如争吵、调侃，也是相当普遍的。当这种冲突得不到解决时，可能妨碍他们参与教室活动，甚至（当冲突是长期和持续的）完全辍学（Doll & Brehm，2010）。

欺凌是一种特殊的同伴攻击行为，这种行为会反复发生，其目的是伤害或胁迫学生，欺凌对象往往是比自己更弱、更不能够抵御攻击的学生（Swearer & Espelage，2011）。在过去的几十年里，随着儿童受伤或死亡的悲剧不时发生，成年人对儿童欺凌的防范意识明显提高。35 个州通过了法律，要求学校实施反欺凌计划（High，2008）。据报告称，学生参与学校欺凌的比例在 30%~60% 之间，而且根据评估方式的不同，这一比例有很大的差异（Sharkey，Furlong & Yetter，2006）。有证据表明，欺凌在中学最严重，有42.9% 的六年级学生报告说受到过欺凌（Pellegrini，2002）。最近的研究表明，当学校和教室在种族上多样化时，非裔和拉丁裔的美国学生会感到更安全（Juvonen，Nishina & Graham，2006）。

什么样的教室常规和实践能够促进同伴关系？

教师可以在教室里组织学生进行社交活动，这些活动应处于学生最近发展区内（Pianta，1999）。例如，低年级的小学生通常可以结对学习，而高年级的小学生通常可以四人一组进行学习。尽管不同的学生技能水平存在很大差异，但年龄大的学生在一起合作的能力更强，而年龄小的学生在被要求和与自己能力差异太大的学生合作时可能会遇到困难。小组成员应该精心选择，包括一些领导能力较强的学生，能够有效解决冲突的学生，还有一些能够解释所分配任务的学生。在大多数情况下，学生需要接受培训，学习如何作为一个团队合作，如何帮助伙伴，彼此解释承担的任务，让所有团队成员参与到任务中（Wentzel & Watkins，2002）。

教室实践也可以促进亲社会行为，如鼓励学生共享资源，一起建设性地做事，并以积极和富有成效的方式解决问题（Koplow，2002）。例如，在一个四年级的教室里，一场讨论操场问题的班级会议可以促使学生们为他们的中午比赛撰写一套全面的足球规则。第 5 章描述了一个教室，学生们通过一个欢迎新生进入教室的程序，减少了对操场的恐惧。在这两种情况下，一旦学生提出并实施了老师意料之外的解决方案，教室冲突就会明显减少。如果学生在教室里公开讨论正在进行的活动或者存在的问题，亲社会行为就会出现，冲突随之减少（Doll，1996；Mulvey & Cauffman，2001）。除了在社会问题解决方面提供有价值的实践外，关于同伴冲突的班级会议也可以帮助学生厘清不同观点，给学生提供换位思考和理解他人的直接指导。

教室常规也可以促进同伴关系，但没有必要直接干涉同学之间的私人关系。相反，相关实践可以贯穿于教室的日常活动之中，灵活地为学生的同伴关系提供支持（Doll，1996）。简单来说，友谊来自经常有机会在一起工作和玩耍所带来的乐趣。附带活动在培养友谊方面与旨在传授社会技能的活动一样有效或更有效。

> 友谊来自经常有机会在一起工作和玩耍所带来的乐趣。

例如，一名小学五年级学生作为学校新生自愿参加自助餐厅清理工作，因为学生总是成对分配，这让她有机会与潜在的朋友一起工作。如果工作小组定期重新安排，学生就有机会与不那么熟悉的同学以及他们熟悉的同学一起工作，他们收获友谊的机会就会几何式地扩展。

改善操场设施是促进学生社交成功和最终形成社交能力的另一个重要步骤（Doll & Brehm，2010）。有效的操场是指所有学生都有朋友在那里玩耍，他们能够成功地应付偶尔的打架或争吵，有安全感，不受欺凌或恐吓。操场在许多方面都有独特的设置，它的面积总是很大，比大多数学生的院子、教室或体育馆都要大，而且与其他环境相比，操场的大小允许学生们更快、更远、更长时间地奔跑、翻滚、跳跃。与教室、青年俱乐部或课后托管中心相比，在大多数操场上，成年的监督员比较少，与学生的距离也更远，监督也较少（Pellegrini & Blatchford，2000）。因此，课间操场是"学校中很少有成人指导的地方之一，学生可以用自己的方式相互交流"（Pellegrini & Blatchford，2000）。精心设计的操场应该是安全的，为学生提供足够的、促进发展的游戏，使学生可以在这里享受运动乐趣。同时，安排成年人负责组织活动以提高大家的积极性并监督同伴攻击性行为，在这样的操场上，学生的互动将更加有效（Doll & Brehm，2010）。无聊的操场则会使同龄人之间的冲突持续恶化，一个六年级的学生解释说："如果没有足够的事情去做，打架比无所事事有趣得多。"

在学生生活和学习的教室环境中，采取干预措施来促进积极的同伴关系，而不是通过传统的退出服务来提高社交能力将是最有效的（Doll & Brehm，2010）。儿童的同理心、对人际关系的定位以及调节行为的能力是在与同伴频繁、友好的互动中发展形成的。在自然的教室群体中，学业成就高或社交能力强的同学可以指导技能较低的同学，并让他们运用一定的策略，参与到解决问题的过程中（Wentzel & Watkins，2002）。

通过与能力强的同学结伴，或者小组合作、玩耍，能让社交能力较差的学生从中获益。许多学生很难在一大群学生中讨论工作或玩耍。当有来自其他班级的不熟悉的学生时，比如在餐厅和操场上，很多人混合在一起是特别困难的。人数众多的群体活动会让那些容易自我孤立的学生产生更大的焦虑，使他们更难与同学互动或获得游戏邀请。胆小的学生很容易在多人同伴群体的混乱中被忽视。认识到这些挑战并与学生讨论的教师，可以使孤僻学生的情绪正常化，提高他们对自己情绪的认识，并促使其他同学走出第一步，去接纳他们。"学校需要研究如何有效设计社交活动，使社交任务更适应同伴需求、更有趣，并容纳更多学生参与进来。"（Doll，1996）

同伴关系干预的复杂性在第 8 章的表 8.3 所示的微观变化策略分类列表中得到了体现。虽然促进同伴友谊的策略强调学生有多种机会一起互动和玩耍，但与同伴冲突有关的策略则强调在解决同伴冲突时，通过改变环境来消除共同的挫折感或提前（及时）指导学生。因为同伴关系是学校里成年人最关心的问题，所以有很多基于证据的课程可以帮助学生处理人际关系中的冲突。这些课程的重点都是促进积极互动，同时减少消极互动。

一个教室实例

一名五年级老师担心学生在教室里的言语冲突，以及操场上的身体冲突。她通过匿名调查了解到，这些分歧主要是由午休时间竞争激烈的足球比赛引起的。学生解释说，如果他们不踢足球，就没有别的事情可做。作为另一种选择，学校心理学家提议可以教学生们在课间玩非竞争性游戏。该班利用现有的操场设施和软飞盘设计了一个飞盘课程。他们还使用呼啦圈游戏来提高小组解决问题的能力。在课堂上，类似的游戏还被用来奖励高效完成学习任务的学生（这些游戏在第 8 章末尾进行详述）。老师还在课后召开了班会，讨论当天的比赛，以及学生们努力加强合作的问题。六个星期后再次进行调查，结果显示争论和打架的次数大幅减少。

家校关系

情境对学生学习和行为的影响不仅限于教室，还包括家庭与学校的关系。正如教室环境可以影响学生和教师之间的沟通质量一样，教室环境也可以影响学校与家庭的有效合作关系，即支持父母与孩子的学校、教室和教师密切联系。持续的、互惠的家校沟通和协作将确保学生获得足够的学习和行为支持，保障他们的学习和社交能力的发展。尽管家庭和教师可能有不同的目标、期望和与学生沟通的模式，但这些差异并不一定会破坏家庭与学校的合作关系。相反，当家庭和学校都认识到并尝试解决这些差异，相互尊重，持续交流，学生的两个最关键的支持系统将更加协调地发挥作用（Christenson et al.，2008；NASP，2012）。

有效的家校关系是如何帮助学生成功的?

家庭的学术取向和学校的教学实践会对学生的学习、社会和行为产生重大影响，长时间的、高质量的家校互动带来的积极影响尤其突出（Christenson et al., 2008；Grolnick et al., 2009；Pianta & Walsh, 1996）。通过充分的家校互动，家庭和学校就会对孩子们的需求达成共识，这样他们在向孩子传达

> 家庭可以极大地影响儿童参与学校教育的程度，并帮助他们确认自己学习者的定位。

关于学习和学校的信息时就能保持一致。家庭可以极大地影响儿童参与学校教育的程度，并帮助他们确认自己学习者的定位。大量证据表明，强有力的家庭—学校伙伴关系将改善儿童的学业和行为结果（Buerkle et al., 2009）。事实上，"与收入水平等人口统计学特征相比，家庭提供的学业和动机支持对学生的发展和学业成功的影响更大"（Christenson et al., 2008）。

学生对学业成就的信念和期望，深受父母、教师的教育价值信念、成功期望的影响（Grolnick et al., 2009）。进入学校后，不同家庭的孩子的技能、态度、价值观和资源存在巨大差异。一些学生来自教育价值观和期望与学校非常一致的、富有的、能够提供多种学习资源的家庭，另外一些学生则没有这种优势。虽然这种多样性给学校带来了独特的挑战，但重要的是将父母所做的以及父母所拥有的区分开来。对于学生的学习和社交能力而言，父母和学校所做的比所拥有的更重要（NASP, 2012；NRC/IOM, 2004）。抗逆学校为家长和学校之间的合作提供机会，并在一段时间内努力保持这些合作。他们为家庭和教育工作者分配足够的资源，以实现和维持他们的合作伙伴关系（NASP, 2012）。持续的合作对学生有多重好处。当学校和家庭之间存在有效的伙伴关系时，学生对学校和学习的态度更积极，表现良好、完成作业、取得更高的成就水平的可能性更高，需要接受特殊教育的机率更小（Doll et al., 2009；NASP, 2012）。反之亦然。家庭、同龄人和学校传递的价值观不一致，学生最有可能在学校表现糟糕，出现情绪问题

（Pianta & Walsh，1996）。家校合作关系有效性的关键是让家长了解孩子的情况。调查显示，家长希望并需要从孩子的学校获得更多的信息（Christenson et al.，2008）。因此，当学校让家长了解相关政策、做法和期望，为学生学业成功承担共同责任时，有效的家庭—学校伙伴关系更有可能建立（NASP，2012）。

家庭成员和教师对学生的努力、行为和预期成就抱有很高的期望，清楚地描述与学校有关的任务规则和指导方针，表达对学生兴趣的支持，并使努力方向、问题解决和目标设定一致时，学生学习的效果最好（Grolnick et al.，2009；NASP，2012）。当家庭和学校就这些做法达成一致时，学生会将父母和教师所持有的教育价值观内化，成就也会随之提高（Bergin & Bergin，2009；Wentzel，2009）。家庭与学校合作越密切，对学生成功的影响越强。学生在一个学习共同体中获得归属感，而这种归属感又会改善他们对学校的积极态度，提高他们参与教室学习活动的积极性（Osterman，2000）。

什么样的教室常规与实践能够增进家校关系？

以全校或全区范围的项目（Christenson & Godber，2001；Chris-tenson & Sheridan，2001；Christenson et al.，2008）推进有效的家校关系通常比个别教室的更有效。虽然这些策略比较重要，但本节的目标是详细说明教师可以用来提高学生父母参与教室活动的措施。

父母的家庭参与和父母的学校参与对儿童学习的重要性是不同的。学生的成就更多地受到父母在家支持孩子学习的方式的影响，而不是他们在学校内所做的事情（Grolnick et al.，2009）。学生与家长经常就学校生活开展对话，为家长参与孩子的教育提供了一种间接的途径，并表明教育已融合到家庭生活中，教师可以通过持续的家校沟通来促进这种融合。当家长认为他们的参与和学生的成绩直接相关时，他们会更积极、更持久地参与其中。（Finn，1998）。

一个好的起点是，教师可以告诉家长在家庭中应采取哪些有效的、与学校互补的做法，从而为孩子的学习提供支持。将有关父母的什么行为有助于提高成绩的研究报告做成课堂简报，通过电话或学生家庭作业本中写给父母的个人笔记，让父母了解这些信息。这些活动可以让父母知道，传达高期望、围绕孩子的努力和表现制定严格而合理的标准、执行家庭作业的规定是多么重要。在双语或低收入社区，父母并不总是懂得如何帮助孩子完成家庭作业。然而，父母可以通过安慰和鼓励孩子，培养孩子的勤奋和坚持精神以直面挑战，以此来引导孩子（Bempechat, Graham, & Jimenez, 1999）。由于家庭的形态和规模多种多样，有着不同的信仰、期望和沟通方式，学校需要为教师提供培训和支持，帮助他们与来自不同文化背景的家庭建立伙伴关系。当老师鼓励不同文化之间的理解，并赞美多种不同的家庭形式、文化、民族和语言背景，来自不同家庭的学生将获益最大（NASP, 2012）。在最近的一项研究（Kyriakides, 2005）中，近86%的家长认为，更多地参与孩子的学习有助于他们了解孩子。运用在教室观察到的教学方法，父母在家里更有信心帮助他们的孩子。

学生也可以通过与父母沟通学校事宜，在促进家校关系方面发挥作用。教师可以要求学生与父母进行面谈，向父母报告教室的日常活动。在研究教学主题时，他们可以将父母当作咨询"专家"。例如，在一个关于美国和中东关系的单元里，一些学生可以采访在海湾战争中服役的父母，而另一些学生可以采访因战争而流离失所的家庭成员。学生可能会搜集父母关于调整教学实践的建议，以便使之更加适合家庭，更好地支持学生学习。例如，针对教学作业的时间安排、家长应该为学生的家庭作业提供何种支持，以及学校可以提供给家长哪些建议等问题，父母可能有自己的想法。

教师与家长共同努力，家长的学习参与才能获得成功。就像学校建议父母与孩子做某些事情一样，父母也应该有机会向班级提出建议。传统的做法是，教师要求家长提供帮助，如监督实地游学、举行烘焙义卖、复印教室材料或归档图书馆卡片等。同时，家长教师协会（PTA）的质量指标建议家长就课程设置、课程安排、班级布置、学校可能开发的可选的丰富课程或孩子们的学业质量提出建议（National Parent–Teacher Association, 1997）。这些清单之间的对比是惊人的。第一个清单包含许多琐碎任务，这些任务不重视发挥父母通常拥有的才能。第二个清单则将父母作为计划、实施和评估孩子教育的最主要的合作伙伴。大多数父母不习惯主动提供这些建议，因此教师需要积极征求家长有意义的意见（Christenson & Sheridan，2001）。这要求教师对家长持欢迎态度，使用各种沟通策略来接触所有家长，根据不同语言和文化期望调整沟通方式，最重要的是，一旦收到了父母的建议，就要做出回应。

为家长参与学校活动提供便利，与家庭进行诚实的、尊重的、合作性的互动，是鼓励父母参与教室活动的有效方式（Buerkle et al.，2009；Grolnick et al.，2009；Machen，Wilson，& Notar，2005；NASP，2012）。教室开展这些互动对低收入家庭尤其重要，在这些家庭中，学生的学业成绩高度依赖于父母的兴趣、支持和鼓励（Patrikakou & Weissberg，2000；NRC/IOM，2004；Pena，2000）。

表8.4（第8章）中的每一个微观策略都以沟通为基础，以增进家校的关系。有效的沟通是双向沟通，要求教师既要与家庭沟通，也要倾听家庭的声音。表8.4中所列的基于证据的干预措施，通过让学校和家庭共同参与问题解决或满足学生需求的培训，来进一步加深这种交流。

一个教室实例

在一个三年级的教室里，大部分学生来自讲西班牙语的家庭，他们父母的英语水平有限，因此很难帮助他们完成学校的功课。老师、学校心理学家和学生们为这种困境集思广益，并决定教会父母如何给孩子提供帮助。老师用英语和西班牙语给父母写信，请求允许他们将老师和孩子一起处理家庭作业中的典型问题的过程用录像带记录下来。仅此一点就明显改善了家校沟通的情况。这盘录像带是精心制作的，在老师的帮助下，教室里的每个学生都被录了一小段。通过这种方式，家长有机会"认识"孩子的同学，并在脑海中形成教室的形象。家长也有机会看到教师是如何有效指导孩子的，并增强了帮助自己的孩子做好家庭作业的信心。学生们报告说，他们必须给家长翻译录像带上的大部分对话，这促进了亲子之间关于教学实践和作业性质的讨论。

总　结

在这一章中，我们更全面地描述了有效的教室人际关系促进学生学业和社会成功的机制。为了表述清楚，我们在不同的部分中分别描述了抗逆教室的三个关系特征，但是这种分别描述的方式并没有充分认识到当这些关系被放在一起考虑时所产生的潜在影响。例如，师生关系的质量可以影响学生的社交能力，从而有助于改善教室内的同伴关系，共同分担学生的学业和社会风险。或者，当父母尊重孩子的老师，并强化教师的规则和建议时，可能会形成更和谐的师生关系。这三种关系有助于改善教室学习的社会环境，在情感上营造一种安全的氛围，鼓励冒险，并使学生体会到被重视和尊重的感觉。教室的关系因素也可以为学生发展自主能力奠定基础，最终影响学生的学业成功。第 4 章将对这些问题进行更全面的讨论。在第 8 章中，我们将更广泛地讨论增强关系的策略。

抗逆教室人际关系个案介绍

在紧接着这一章的案例研究中，劳拉·莫纳洪（Laura Monahon）描述了一位艺术老师为与学生建立有意义的关系所做的工作。通过收集学生的看法，关注学生的见解，改变教室常规，教师能够创造一个学习环境，促进学生在教室里的成功。请注意，教师拥有的"后测"数据是多么重要，这些数据使教室内的变化显而易见。

新的艺术教师

劳拉·莫纳洪，费城骨科医学院

问 题

P 女士是一名一年级教师，负责在一所中学为七年级和八年级的学生讲授艺术基础课程。按照学区的标准，她的班级规模很大：有些班级的注册学生多达 35 人。P 女士特别关心她的第四节艺术基础课。该班有 35 名七年级学生，正如 P 女士所描述的，"从开学以来，学生的水平一直在下降"。P 女士还表示，她觉得自己"没有以有意义的方式接触学生"。在一堂 42 分钟的艺术基础课上，P 女士和学校的心理医生与学生们讨论了这个问题。他们要求学生提交有关他们在第四节艺术基础课中对师生关系的看法。收集到这些回答的数据后，P 女士和学校的心理学家以及音乐老师（一位经验丰富的老师，曾指导 P 女士，在另一节课上也教过同一组学生）合作，研究数据，以确定在教室内加强师生关系的方法。

班级图谱结果

学生们首先完成了匿名的班级图谱量表，然后用投影仪把"我的老师"分量表中的每个项目念给学生听。结果显示，在 P 女士的第四节艺术基础课上，46% 的学生觉得自己上课时没有认真听讲。

老师的感受

仔细查看图 3.1 所示的数据，该团队（两名教师和学校心理医生）注意到，对学生来说最重要的是 P 女士在他们上课发言时没有认真倾听。P 女士同意，她感到"授课"的压力，经常要求学生"把问题留到下课"。然而，当 P 女士在课后询问学生的问题或担忧时，学生们会说"哦，我忘了"和"我已经想好了"之类的话。问题解决团队开始调查 P 女士的课程计划，以确定是否有一种方法可以在整个教学期间不断调整课程，以满足学生的需求。

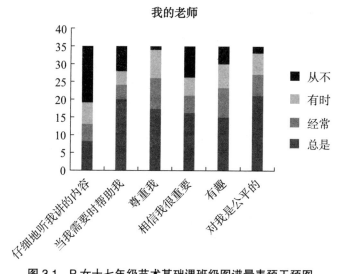

图 3.1　P 女士七年级艺术基础课班级图谱量表预干预图

班级会议的结果

接下来，P 女士和学校心理学家在一次班级会议上与学生分享了班级图谱量表数据。可能是出于对 P 女士感受的担忧，学生们最初对数据是否准确犹豫不决。然而，当 P 女士明确表示她渴望改变，并且对他们的数据结果感兴趣时，学生们就表示，关于艺术基础课的数据是准确的。

规划变革

学生们建议 P 女士把每周要完成的项目减少到一个，这样会有帮助。这是一个最低限度的建议，学生们提出那些工作速度较快的同学可以完成更多的项目。学生们和 P 女士决定，每周一的整节课，由 P 女士直接对本周的课程进行技术指导和解释。剩下的四节课将用于通过课程实践探索技术。在这段时间里，P 女士可以回答问题，给学生提示，如果需要还可以复习周一课上的要点。他们决定，在改革计划实施整整两周后，重新编制"我的老师"分量表。

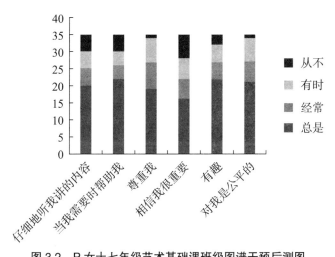

图 3.2　P 女士七年级艺术基础课班级图谱干预后测图

结　果

"我的老师"分量表第二次调查的结果显示，当学生在课堂上发言时，感觉 P 女士在听他们说话的学生人数显著增加（见图 3.2）。有趣的是，表示 P 女士让艺术基础课变得有趣的学生也增加了。P 女士提供的一些非正式的教学事件表明，一旦她采用了以周为单位的日程安排，她每天"授课"的压力就减小了。她表示，这样可以让她"在学生们（创造艺术）的过程中享受他们的乐趣"，"一般来说，这会使教室成为一个更令人愉快的地方"。

第 4 章　抗逆教室在培养学生自主性方面的特征

　　抗逆教室帮助学生感觉有能力应对学业挑战（学习效能），对自己的学习负责（自主学习），并管理自己的行为（行为自控）。本章描述了学习效能、自主学习和行为自控支持学生成功的机制，以及促进自我能动性的教室活动和实践，并通过教室实例说明抗逆教室各特点的积极影响。第8章介绍了加强教室中学生自主性特征的策略，以及每个特征对应的策略表，其中列出了简要的策略和基于实证的干预措施。

学习效能

　　抗逆教室通过增强学生的成功信念来提高学生的成绩。学生对自己能够在学校取得成功的能力的集体信念叫作学习效能。学习效能是学生做出努力、产生兴趣和学习愿望的主要动力，这使他们有信心去面对学习中遇到的风险。这些效能信念既来自儿童自身，也来自外部环境，例如预期的奖励或受欢迎的老师的赞扬。但

> 学习效能是学生做出努力、产生兴趣和学习愿望的主要动力。

是，令人惶恐的是，学生对自己学习能力的认知在整个学习生涯中呈急剧下降的态势。幼儿园的孩子进入学校，对自己的能力持高度积极的看法。然而，到了三年级，学生开始明显低估自己的能力，到了初中，这种下降幅度更大（Paris，Byrnes，& Paris，2001）。

　　自我效能对学习很重要（Schunk & Pajares，2009）。自我效能是指学生

对自己能否成功达到预期结果的期望。学习自我效能反映了学生对自己学习能力的认知，即他们能够通过学习掌握完成特定任务所需的技能。当一组学生相信他们能够完成指定的任务时，教室就具有集体效能。当教师个人或全体教师相信自己有能力在教学中发挥有效作用时，他们也会表现出效能感。教育者的任务是创建抗逆教室，为各种形式的学习效能提供支持。

学习效能如何支持学生取得成功？

学生对学习任务的兴趣，或对学习任务重要性的认识可以使他开始尝试学习它，有点像汽车的"启动器"。相比之下，效能感和信念能够使他们集中努力，并在一段时间内保持对任务的专注，持续"引导"他们的实际表现（Brophy，2004）。期待成功的学生会主动地开展促进学习的认知行动。积极的效能感和信念通过增强基本认知技能，如记忆和注意力等，发挥其最强的影响（Multon，Brown，& Lent，1991；Schunk & Pajares，2009）。一旦记忆和注意力变得更加专注，学生在课堂作业上的表现就会改善，最终这些改善将反映在标准化考试的较高分数上。因此，学习效能通过引导学生使用他们已经掌握的技能来提高教室抗逆力，后续的成功会再次印证他们效能感与信念的价值。

学生对成功的有效期望使他们更加有意识地使用自我调节策略，包括选择他们期望成功的任务，即使有困惑也在这些任务上花费更多的时间和精力，以及在不活动或等待老师指导时，明智地管理时间（Schunk & Meece，2006；Zimmerman & Schunk，2008）。这些策略对不同能力水平的学生都具有促进作用（Bouffard Bouchard，1989）。此外，具有较强学习效能的学生能为自己设定具有挑战性的目标，在挑战面前坚忍不拔，更准确地评价自己的表现（Schunk & Meece，2006；Zimmerman & Schunk，2008）。显然，这些目标导向明确、学习高效的学生的成绩要高于那些缺乏毅力、使用低效策略的学生（Pajares & Miller，1994；Shim，Ryan，& Anderson，2008；Zimmerman，Bandura，& Martinez-Pons，1992）。有些学生相信自己有取得成功的能力，但尚未达到预期目标。他们可能会将自己的失败归因于无效的策略，因此会更加努力地学习，选择更好的策略，或寻求帮助以提高成功的可能性（Schunk & Ertmer，2000）。

学习效能既能提高学生成绩，也会增强他们的社会和情感适应能力。自我效能感强的青少年在完成家庭作业和课堂作业时，更有可能感知到学习任务与个人目标的相关性，并体验到快乐和满足感（Bassi，Steca，Delle Fave & Caprara，2007）。面对失败、焦虑、压力和抑郁，具有强烈效能感的学生更加坚强（Bandura，1993，1997）。在进行高风险测试的地区，提高学习效能可以缓解此类测试可能引发的焦虑、压力和抑郁。例如，那些认为他们的教室环境更有爱心、更有挑战性、更强调掌握导向的高年级小学生，他们的数学自我效能感明显更高，在标准化数学测试中得分　更高（Fast et al.，2010）。

尽管个体都有效能感，但学习效能不仅是个体现象，也是一种群体现象（Bandura，1997）。教师团队、教室、学校和学区等群体可以形成集体效能感，班杜拉（Bandura，1997）将这种集体效能感描述为"一个群体对其实现既定目标的能力的共同信念"。小组对集体能力的信念越积极，他们做得越多。小组成员通过相互鼓励来促进相互效能，任何一个群体成员的成功都强化了其他成员也能成功的信念，从而产生积极的感染效应（Joet，Usher，& Bressoux，2011）。对教师个人和集体效能感的研究发现：高集体效能感会产生挑战性的班级目标，并使教师努力实现这些目标（Skaalvik，2007）。由此产生的学校文化将会促进学生的参与度和成就感，形成一个积极的反馈循环，提高教师个体的自我效能感。学生的集体效能感尤为重要，因为共同信念可以克服诸如社会经济地位低下和学习成绩不佳等的强大影响（Bandura，1993）。

什么样的教室常规和实践能够加强学习效能？

学生构建、掌握经验时，只需偶尔从别人那里得到帮助，就能完成中等难度的任务，有利于学习效能的增强（Bandura，1997；Linnenbrink & Pintrich，2003）。当任务过于简单时，学生的成功对他们来说几乎没有价值；当任务

> 当学生掌握了一些经验，在这些经验中，他们只需要偶尔得到他人的帮助就可以完成中等难度的任务，他们的学习效能就会得到加强。

太困难时，学生们就只能置身事外，看着别人完成任务。失败会阻碍效能感发展，尤其是如果失败发生在早期学习过程中，在效能感确立之前（Bandura，1977a）。因此，给学生分配非常简单的任务或帮助学生完成超出他们独立完成能力的任务是有害的。这并不是说永远不应该帮助学生完成他们的任务，而是说任务的难度不应该高到学生完全依赖别人的技能来完成。

对于个别学生，一些课程程序可以用来定义学生的能力和教学水平之间的最佳匹配。例如，当学生了解段落中93%～97%的单词时，他们对该段落及其核心要素的理解是最佳的（Treptow，Burns，& McComas，2007）。在数学教学中，流利性可以通过学生每分钟算对的数字的数量来衡量，并以此来衡量教学水平。例如，伯恩斯、科丁、博伊斯和卢基托（Burns，Codding，Boile，& Lukito，2010）在基于课程的数学探究中，将四年级的教学水平确定为每分钟算对24～49位数字。当教学过于简单（即发生在学生的"独立水平"）时，学生的注意力就会动摇，他们的学习也会减少。将教学应用匹配在班级学生群体中要复杂得多。首先，班级群体将代表广泛的学生教学水平。教师的一个关键责任是因材施教，以便班上所有的学生都能在他们的最佳状态下学习。此外，正如特雷普托等人（Treptow et al.，2007）和伯恩斯等人（Burns et al.，2010）所说，个别学生对同一任务所反映的教学水平的反应有所不同。最后，除了阅读和数学之外，描述最优教学匹配的操作性定义很少。因此，教师可能需要通过跟踪学生在日常学习中的表现来监控教学匹配情况，并定期让学生参与决定应该完成哪些任务，以什么顺序完成，哪些是适当的家庭作业，以及如何评价学习的过程（Brophy，2004；Schunk & Pajares，2009）。

学生可能把他们在学业上的成功归因于自身的努力或较高的能力，而

这些归因会对学习效能产生不同的影响。努力归因促使学生关注对未来任务的努力，而能力归因则可能强化学生的认知，即他们可以依赖于自己的内在能力完成任务。年龄小的学生在解释他们的成功时更倾向于强调努力的作用（"我非常努力地工作"），但随着年龄的增长，学生更重视他们完成任务的能力（"我擅长这个"）。在任何年龄段，哪怕学生只是取得了初步的成功，老师都对他们付出的努力给予反馈时，学生会更信赖老师，因为学生在第一次学习某种技能时，必须付出实实在在的努力。然而，随着技能的发展，教师应该更加重视为学生的能力提供反馈，因为随着时间的推移，能力归因对维持任务进展更为重要（Brophy，2004；Schunk & Pajares，2009）。

虽然对能力进行积极评价可以提高班上所有学生的效能感，但永远不要空洞地教育学业失败的学生：只要更努力地学习就能成功（Brophy，2004；Schunk & Pajares，2009）。这种反馈会进一步削弱他们本就不高的学习效能感。相反，需要给他们呈现具体的证据，证明他们在成绩上取得的哪怕微小的进步，都与自己的努力密切相关（Jinks & Lorsbach，2003）。和学生之间进行比较的方式相比，让学生跟踪自己在学习目标方面的进展，他们会更有力、更积极地感知自己的效能感（Schunk，2003）。强调并公开赞扬那些带给个人和群体成功的策略，使人们认识到效能感是可教的、可以进行培养的。在某些情况下，需要教学生理解并接受公众对成功的界定。在任何情况下，都必须使学生明白，同学之间不可发表负面评论。

同龄人对同班同学的学习效能与信念有很强的影响。和成年人相比，同龄人之间能够更有效地增强学习效能，尤其是当学生处于学习阶段而不是掌握阶段的时候。当学生处于学习阶段时，学生在完成一项艰巨任务的过程中会做出诸如"我不确定我能做到这一点，但我会继续努力"这样的评论。相比之下，处于掌握阶段，学生能够快速、高效地完成任务，但不会说出他们的疑问或策略（Brophy，2004）。同伴影响非常重要，因为虽然有困难的学生可能会怀疑自己能否达到成年人的能力水平，但实际上他们希望能达到同伴的能力水平。多个同龄人之间的影响甚至比单个影响更有效，他们本身就是抗逆教室的固有资源（Schunk，2003）。当教学中采取互惠教学或协作学习小组方式时，有利于发挥这种同龄人之间的积极影响（Fantuzzo & Rohrbeck，1992；Menesses & Gresham，2009）。

保证课堂的多样性，是提高不同种族的男孩和女孩的效能感的有效方法（Usher & Pajares，2006）。一些研究表明，中学女生和非裔美国学生的总体学习效能感更依赖于经验掌握和社会劝说，即教师、家长和同龄人的鼓励。中学男生也从掌握经验以及观察其他男生如何成功的过程中受益。尊重与文化相关的技能有利于激发不同种族学生潜在的自我效能感，例如鼓励说西班牙语的学生在预先安排的西班牙语课程中展示他们的能力（Ketter，Shiu & Johnsen，2006）。社会对多样性的态度和信念变得越来越开放，效能感的性别和文化差异可能随着时间的推移而改变。

表8.5（第8章）中包含了促进学习效能的具体策略示例。正如预期的那样，它们包括各种反馈机制（来自教师、同龄人和自我监控），以及用其他策略指导学生获得成功所需的支持。表8.5所列的基于证据的干预措施，实际上强调了学习效能在促进学生自主性方面的价值。

一个教室实例

在一个八年级的西班牙语选修课上，匿名调查显示，学生们并不相信自己能在每周的词汇测验中取得好成绩。作为回应，老师将学生分成两人小组，每天给他们20分钟，让他们互相教授下一次测验的五个词汇。然后，教给各小组几种可选择的教学策略，以便在相互指导时使用。每天，他们对所使用的教学策略的有效性进行赋分、计算并记录，然后优化第二天的学习时间安排。每周一次，他们将每日记录的分数与当天测验的实际分数进行比较。随着时间的推移，小组开始倾向于采用可以提高效率和考试分数的教学策略。借助同伴小组合作模式，学生能够看到自身的努力和效率之间的关系，并从中获益。

自主学习

当学生在学习中树立起个人目标，能够识别和解决可能阻碍他们实现这些目标的问题，并通过系统的规划和努力达成目标时，他们是自主的（Black & Deci，2000；Deci & Ryan，2008a）。自主学习的学生是每个老师心目中的理想学生。这种学生了解学习内容的相关性，并且乐于花费时间和精力取得成功（Brophy，2004）。

> 自主学习的学生是每个老师心目中的理想学生。这种学生了解学习内容的相关性，并且乐于花费时间和精力取得成功。

自主学习如何帮助学生取得成功?

在抗逆教室里，学生的自主性首先体现在学习目标的设定上。目标能够帮助学生聚焦努力方向，减少无关事件的干扰，促进其自主性的发展（Locke & Latham，2002）。目标也激励学生更积极地参与教学，因为学习目标与教学活动高度相关。目标还会影响学生的毅力，因为当学生自主决定花多少时间完成一项任务时，他们会持续努力。设定目标并为之努力，学生就会主动搜集大量陌生的，但对达成目标十分必要的信息和策略。

目标也可以根据其特殊性、困难程度和距离远近来定义（Bandura，1977b）。上述每一个维度都有助于界定目标的有效性。包含特定绩效标准的目标（例如，要完成的数学问题数量）比"尽力而为"等非特定目标更有可能导致任务成功。短期或最近的目标（明天交前25个数学问题）比长期目标（我会在发下一张成绩单前把数学成绩提高一个等级）更容易带来好的表现和成功。最后，具有挑战性但可实现的目标比看似过于简单或过于困难的目标更能增强学习动力（Schunk，1991）。在教学过程中使用这种自主支持策略，更有可能培养学生在行为和情感上积极参与到学习中来（Reeve，

Jang，Carrell，Jeon & Barch，2004）。

自主性强的学生也被称为具有"内在动机"的学生，他们为实现目标而努力培养自己的自豪感和满足感（Deci & Ryan，2008a，2008b）。有内在动机的学生愿意积极参与到学习任务中，因为他们认识到学习本身是有回报的。另一种情况是，学生可能会受到外部奖励或惩罚的刺激，希望得到他人的认可，或者希望避免因努力不足而感到羞愧（Deci & Ryan，2008b）。尽管如此，受外在动机驱使的学生经常会对工作不满意。在一项研究中，如果五年级和六年级的学生接受的任务指导强调外在奖励时，和那些认同任务内在价值的学生相比，他们对任务的兴趣更低，更容易放弃，表现也更差（Vansteenkiste，Timmermans，Lens，Soenens，& Van den Broeck，2008）。虽然早期的讨论假定学生的动机取向有内在和外在之分，但最近的一些研究表明，动机也可能受教室或学习任务的情境特征影响。因此，即使学生主要受外在动机驱动，如果学习任务强调内在价值，学生也会学到更多。这表明，无论学生的动机取向如何，都可以通过激发任务的内在价值来促进学习。

并非所有的学习活动都能引起学生的内在兴趣，教师有时会利用外部奖励让学生持续投入学习。有证据表明，这种奖励可能会适得其反。茹瑟梅、考斯特纳、列克斯和霍尔夫特（Joussemet，Koestner，Lekes，& Houlfort，2004）发现，自主性支持可以促使学生心甘情愿地投入重要但无趣的学习任务，但外部奖励却无法起到这样的作用。此外，如果教室能够给学生提供自主性支持和内在激励，学生的知识留存率和知识加工深度会更大（Vansteenkiste，Simons，Lens，Sheldon，& Deci，2004）。和那些被外部利益或最后期限所刺激的学生相比，自主学习的学生能够更加准确地记住学习内容（Grolnick et al.，2009；Reeve et al.，2004）。例如，当学生被要求为准备一项测试而学习某种材料（外部激励）时，他们对材料的记忆只能保持一周，对材料的兴趣也低于那些不只为测试而学（自主激励）的学生。在进行高利害测试的学区，抗逆教室面临的挑战是帮助学生在不过分强调测试的情况下，激发学生的多种学习动机。如果在课堂上不能满足自主学习的需要，会发生什么？当学生对自主性的需求未得到满足时，他们变得愤怒、焦虑或厌烦，开始假装做功课，最终导致他们的成绩下降（Miserdnio，1996）。

班级目标也可以分为掌握性目标和表现性目标，这两类目标对成就的影响不同。掌握性目标将学生的注意力集中在深入理解、获取新知识或掌握新技能上。相比之下，表现性目标鼓励学生比同学表现得更加优异，或者至少被其他人视为优秀（Brophy，2004；Dweck & Master，2009）。学生的掌握性目标和课堂自主性支持与同伴小组的合作性（Levy，Kaplan，& Patrick，2004）、学生课外主动学习的意愿，特别是数学学习的意愿（Ciani，Ferguson，Bergin，& Hilpert，2010）以及家庭作业完成情况（Katz，Kaplan，& Gueta，2010）有关。尽管如此，最近的研究表明，只要掌握性目标和表现性目标同时存在（而不是没有掌握性目标），表现性目标就可能是无害的。既想做得比别人好（表现性目标），又想学习和理解材料（掌握性目标）的学生在情感、认知和成就方面表现出与只追求掌握性目标的学生相似的适应模式（Pintrich，2000；Shih，2005）。宾特里奇的结论是，如果组织教学的目的是为了提高掌握能力，那么发生在教室里的竞争和社会相比并不一定有害。

自主学习也与学习效能感密切相关。然而，在教室培养学生之间竞争的表现性目标会降低学生的效能感。例如，陈和兰（Chan and Lam，2008）研究了竞争性和非竞争性教室情境对写作自我效能感的影响。在竞争性教室里，学生观察到一些同学的作文被老师选为"模范"，未被选中的同学，其自我效能感会降低。在非竞争性的课堂中，范文被看作可供学习的榜样，是否被选中都不会显著影响学生的自我效能感。缺乏自我效能感的学生可能会放弃追求自主性，在需要帮助的时候不寻求帮助，抵制新颖的学习策略，或者干脆不去尝试，从而掩饰自身的不足。在一项研究中，这种自欺欺人的行为在小学教室里并不常见，因为小学的教学目标强调有效地促进策略，并以掌握为导向，这些错误是可以接受的（Shih，2005；Turner et al.，2002）。重要的是，在任何性别、种族或年级背景下，自主学习与自我效能感的这种关系具有一定的普遍性。在另一项研究中，追求掌握性目标的青少年很少因寻求帮助而忧虑，因为这样做让他们能更好地控制任务，并取得最终的成功（Ryan & Pintrich，1997）。因此，支持自主学习的教室环境会培养学生在高中坚持学习的意愿，即使他们之前的学习成绩很差，这也不足为奇（Hardre & Reeve，2003；Otis，Grouzet & Pelletier，2005）。

什么样的教室常规和实践能够促进自主学习？

强调学习过程而不是学习成果的教室更能培养学生的自主性。支持学生自主性的教学实践允许学生设定目标，帮助学生规划、自我监控和评估目标进展，允许学生选择他们感兴趣的任务以及何时和如何学习（Deci & Ryan，2008a；Reeve，2002；Sierens，Vansteenkiste，Goossens，Soenens，& Dochy，2009）。这并不是说应该让学生完全自主地工作，而是应该支持他们逐步深入地参与学习决策过程。及时对学生的成就给予奖励，也应提供有关学生能力和进步的信息，以增加任务的内在价值（Sungur & Senler，2010）。在多民族学生构成的教室里，帮助学生制定有意义的未来目标可能尤为重要，这些目标注重个人成长和能力，以支持他们当前的任务动机（Andriessen，Phalet，& Lens，2006）。

> 在多民族学生构成的教室里，帮助学生制定有意义的、注重个人成长和能力的未来目标可能尤为重要。

学生经常需要借助结构化的问题来制定对他们有意义的目标，并指引他们努力的方向（Assoret al.，2002；Palmer & Wehmeyer，2003）。在某些情况下，这种帮助是可以通过教室环境提供的，例如通过墙上的海报引导学生完成任务，用公告板提醒学生截止日期，张贴时间表，说明何时和如何寻求帮助。将这些活动嵌入到教室的日常生活中，可以产生持续而微妙的影响，培养学生成为自主的、负责任的学习者。抗逆教室教学的一项重要任务是揭示学习活动的意义，当学生意识到某项活动具有内在的意义并且契合自己的学习目标时，他们自然会更加专注于理解内容和提高技能。

学生的主动学习也受到教学的积极影响，在教学过程中，学生证明他们对问题的回答是正确的，努力参与教学活动，从而在深层次上理解新信息（Middleton & Midgley，2002）。深度加工使学生意识到他们并没有真正了解信息的情况，而主动参与学习的要求可以使学生在应该学习的时候避免自相矛盾、劳而无功。其他能够促进学生自主学习动机的教师行为包括：仔细倾听；帮助学生认识到自己做得好的原因；帮助他们诊断自己表现不佳的原因并加以纠正；确认学生在完成任务时所经历的困难感受；教给学生实现目标的新策略；关注学生对目标的看法（Reeve，2006；Tsai，Kunter，Lüdtke，Trautwein & Ryan，2008）。

表 8.6（第 8 章）列出了促进自主学习的微观策略，这些策略强调学生经常有机会自我指导学习、设定目标、做出决策、评估进步和解决问题。但很多学校通常不会将这些技能的练习纳入教室常规。与学习效能感一样，以证据为基础的促进自主学习的干预措施，也是促进学生自主能力发展的重要组成部分。

一个教室实例

某城市中学的七年级数学团队为某个班级的家庭作业和考试成绩较低忧心忡忡。虽然学生们自认为有学习技能，但实际上他们很少在每周考试中取得好成绩。老师们担心学生虚假的自信心误导他们认为自己可以不做作业，且仍然可以在考试中取得好成绩。在学生看到班级数据后，他们才不情愿地承认，想要在数学上取得更好的成绩，必须做家庭作业，但他们希望让作业变得更有趣。学生们主动分成三个小组，制作出一个带有小组名称的图表，并留出空格记录每个小组成员每天尝试解决的家庭作业问题。他们不是根据完成或准确回答问题的数量来比较，因为这可能会使一些小组受到惩罚，而是决定根据"改进分数"来比较：即比较连续两天尝试解决的问题数量之间的差异。此外，他们还设定了一个班级目标：每天至少比前一天多尝试解决一个问题。学生们表示，比赛使家庭作业变得有趣。

强调加强作业管理使学生的学习变得可控，当他们每周的考试成绩提高时，学生会发现他们的付出影响他们的表现。

行为自控

教室内学生的破坏性、无所事事的行为会耗损所有学生的学习时间，浪费教学时间。在抗逆教室中，学生将学习如何在教室常规的引导下管理自己，行为得当。自我管理策略及其支持程序一旦融入到教室的日常生活中，便逐渐转变为学生的自发行为。

> 自我管理策略及其支持程序一旦融入到教室的日常生活中，便逐渐转变为学生的自发行为。

行为自控如何帮助学生取得成功？

行为自控通常会被当作一套可以直接教给孩子的技能，就像拼写单词、投掷棒球或编织挂毯一样。事实上，行为自控很大程度上取决于学生对特定行为的内化偏好，即他们希望通过行为实现的结果，以及他们用来评估自己的行为是否符合自己预期的主观标准（Bandura，1989；Bear，2010）。这些价值观、偏好和标准并不能通过断断续续的、持续八周的社交技能课程获得。相反，它们源于儿童在家庭、社区和早期学校中的经历。

当教室内的学生接受教学规范时，他们与老师的互动会更令人满意。教师更喜欢合作的、谨慎的和负责任的学生。专注、自律和坚持不懈的学生更容易从老师那里获得优异的成绩（McDermott, et al., 2001）。那些爱争论的、爱捣乱的或者注意力不集中的学生通常会被消极对待，并且很少能够接受教师的一对一指导（Wentzel，1991）。值得注意的是，自律行为比语言和非语言能力更能预测成绩，这表明良好的行为通常可以弥补有限的能力（McDermott et al.，2001）。同样，在其他研究中，独立于智力的行为可以显著预测留级率、被安排进特殊教育班的比例和辍学率（Jimerson et al.,

2000；Reschley & Christenson，2006 ）。

尽管如此，破坏性行为有时可能是麻木的教室常规和实践导致的，教室内的学生和老师可以通过合作找出解决方案，消除破坏性行为。例如，一个五年级的班级被安置在一个临时教室里，老师抱怨说，在每天的数学课上，学生们经常离开座位，窃窃私语。班级会议上，学生反映黑板上有一道刺眼的亮光，导致他们很难从座位上看清黑板。他们通过改变粉笔的颜色和安装窗帘，大大减少了光线的干扰。让学生参与课堂管理，将提高学生的自主性并促进他们实现行为自控。

实际上，行为自控是连接学生的社会效能感、学术效能感和目标设定能力的桥梁。如果无法按照既定的标准行事，即便设定了雄心勃勃的目标，学生可能也无法迈入成功的轨道。而失败会削弱学生的社会效能感和学术效能感。尽管我们已经分别讨论了这些问题，但它们的影响是密不可分的。

什么样的教室常规和实践能够促进行为自控？

行为自控始于对行为的期望，这种期望是在早年学校生活中与其他学生一起培养的。学生对话的重点是规则和程序，这将使学生以自主的方式行事，并体验效能建构的过程。当期望和规则融入到教室的日常生活中后，学生一般会把它们当作自己的东西，独立地去执行。积极的教室管理向学生传授行为预期、常规和规则提供了具体的技巧（Sugai，Horner & Gresham，2002；Witt，LaFleur，Naquin & Gilbertson，1999 ）。这些方法包括展示正面和反面的例子、精心安排角色扮演、直接传达期望或讲授规则、组织学生进行练习、监控学生的表现并提供强化或纠正的反馈。

学校和社区就学生的理想行为达成共识，可以给个别的教室管理实践提供支持。如果教室内学生令人不安的行为持续加重时，采取干预措施改善学校设施，对干预措施的有效性进行评估，从而为践行新的行为准则持续提供资金和培训，将使班级和学校层面的教学实践都受益匪浅（Sugai &

Horner，2006）。

促进学生积极参与学习的教学实践也有助于学生实现行为自控。其中一些做法包括确保活动的趣味性和节奏，避免浪费时间；让学生经常回答问题，并使用独立的一对一分组教学（Greenwood，Maheady， & Delquadri，2002）。

举止得体在同学之间可以潜移默化。一个名为班级自我管理同伴互助的项目（CWPASM；Mitchem，Young，West， & Benyo，2001）教授中学生自我管理技能、社交技能、自我监控和自我强化的方法，然后将学生分配到两人小组。学生定期评估自己和同伴的自控能力。班级自我管理同伴互助项目不仅改善了目标行为，而且改善了所有学生特别是具有高破坏性行为的学生的社交能力。班级自我管理同伴互助项目结束后，其带来的积极影响得以维持。一个类似的项目要求学生在卡片上写下同学积极行为的例子，将可以获得班级层面的奖励。这也可以降低破坏性行为出现的比率（Cihak，Kirk，& Boon，2009）。

其他一些项目也将同伴作为改善学习和行为的有效媒介。互惠同伴辅导项目要求学生设定学习目标，对相互依赖的团体进行奖励，通过互惠的同伴辅导来改善小学生的学业成绩和教室行为（Fantuzzo & Rohrbeck，1992；Menesses & Gresham，2009）。全班同伴辅导项目（Greenwood et al.，2002；Rohrbeck、Ginsberg Block、Fantuzzo & Miller，2003）通过结构化的导师—学员配对来增加自我控制行为，如"举手"和"学术演讲"。在相互辅导配对过程中，积极参与和善于合作的中学生可以获得加分（Kampset al.，2008）。学生的积极参与增加，破坏性行为就会显著减少。

表8.7（第8章）列出了几个在全班范围内训练学生自我管理行为的微观策略。基于证据的行为自控技能干预措施可以嵌入到更上位的社会问题解决框架中。这些框架强调促进学生自主性发展和对人际关系的理解：学生学习如何做出负责任的行为的决策策略，并能够敏锐地感知、理解教室行为发生的社会环境。

一个教室实例

二年级教室里的学生同意，如果每个人都改进自己的一些行为，教学会更顺畅，例如集中注意力，不打扰正常教学秩序。每个学生都能够识别出一种自己认为可以改进的行为。老师根据合作伙伴的互补优势，将两个学生配对，称之为"行为伙伴"，并教会每个人如何以积极和支持的方式彼此提供行为反馈。

老师询问学生应该如何改进教学。学生告诉他，长时间使用铅笔刀会干扰大家的注意力，而且他们课间休息排队的方式造成了很多人挤在外面抢球；在教室的不同位置放置一堆削尖的铅笔，这样学生不用走太远就可以更换他们用钝的铅笔，解决了使用铅笔刀的困扰。该班还制作了一个报名表，以便学生轮流使用所有游乐设备，包括球。学生们在行为伙伴小组中结对了三个星期后，后续评估显示，越来越多的学生注意力更加集中，被不当行为打断的情况在减少，教师也观察到的教学运行较之前更加顺畅。

总　结

在本章中，我们详细解释了通过教室常规和实践培养学生自我能动性的方式，以及增强自我能动性对学生学习的影响。为了清楚起见，分别论述了学生对其表现的感受（学习效能）、指导他们表现的计划和意图（自主学习）以及他们对这些计划采取行动的能力（行为自控）。但实际上，自我能动性的这些不同方面是相互依存的，加强任何一种自我能动性特征的教学实践也能强化其他方面。我们认识到，这种对学生自主性和独立性的关注，在强调教师是最终权威和决策者的威权式教室里，可能显得格格不入。归根结底，如果学生要从公共教育中脱颖而出，成为独立自主的成年人，他们自主的种子必须在小学阶段种下，并在13年的公共教育中得到精心培育。在第8章中，我们对提高自主性的教室策略进行了更广泛的讨论。

改变教室自主性的个案介绍

在紧接着本章的案例研究中，乔纳森·西科尔斯基（Jonathon Sikorski）利用学生调查数据帮助教师在专业课上提高学生的行为自控能力。学生之前一直依赖专职助理教师来制止争吵和确保公平，通过让学生参与干预过程，教师能够加强他们对特殊行为的自我管理。最终，自我管理使学生变得更自治和自主。

回到基础

乔纳森·西科尔斯基，威斯康星大学河瀑分校

问 题

四、六年级蒙台梭利教室的教师和专职助理教师开始关注学生在独立专业课程（即音乐和体育）期间脱离任务的频率。在这些活动中，学生往往会变得心烦意乱，从而导致教学时间的损失。老师和助手在 21 名学生的晨会上讨论了破坏行为的问题，并邀请学生帮助解决问题。

班级图谱的结果

仲春时节，学生集体完成了匿名的、电脑化的班级图谱量表。图 4.1 的班级规则分量表的结果表明，超过 25% 的学生表示，他们在遵循规则、注意力集中、行为良好和安静地学习方面举步维艰。

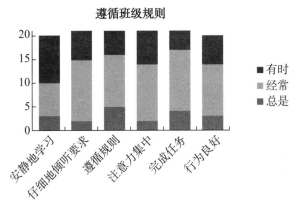

图 4.1　针对班级规则分量表的班级图谱前测图

教师的感觉

在实施干预之前，收集了基线数据。在回顾了基线数据和班级图谱的结果后，老师们发现学生们需要清楚地确立对音乐课和体育课的期望和规则。教师们怀疑体育课上的不规范行为是由于学生不按规定进行游戏，以此导致争吵和恶劣的运动员关系。在音乐课上，教师们怀疑这一破坏性行为受到两个学生的影响，他们试图抢别人的风头来搞笑。

班级会议的结果

教师协助学生举行班级会议，讨论班级图谱量表结果，并评估他们是否愿意与教师集体讨论可能的解决方案。学生们认为"遵守规则"是最需要解决的问题。在与同伴进行头脑风暴后，学生们表示，他们对音乐课和体育课的规则和期望不太清楚，这导致他们与同龄人及老师发生冲突。此外，学生们表示，他们不确定专业课的规则和期望，因为自秋季学期以来他们就没有再了解过。

规划变革

然后，学生们要求在每节音乐课和体育课之前定期回顾教学规则和期望。教师和学生一起参与了一个"看、听、感觉"的活动，帮助他们起草新的教学期望。在大家对教学期望达成一致后，学生们制作了一张海报，把他们的期望贴在墙上。

为了确保实现新的期望，老师们实施了一项"坐视干预"（Rathvon，2003），要求学生在预先规定的时间内不从事某些活动（第一次1分钟，第二次2分钟，第三次4分钟等），然后和老师讨论，能从观察其他学生公平游戏中学到什么。此外，学生们还参加了解决冲突的练习，以减少在专业课上出现分歧的可能，并尽量减少老师的干预。

班级图谱干预后测

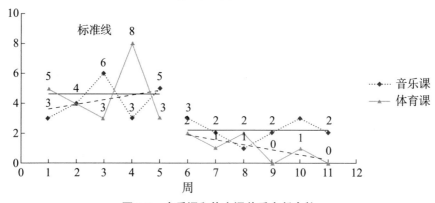

图4.2 音乐课和体育课前后中断次数

结 果

图4.2显示了班级图谱量表和干预前后音乐和体育教学中冲突或干扰的数量。如图所示，在运用班级图谱量表和实施干预后，中断次数显著减少。音乐课中断次数由平均每周4.2次降至2.2次，体育课冲突次数由平均每周4.6次降至1.0次。通过干预，学生开始有效地彼此监督对方的行为，生生之间和师生之间的冲突也大大减少。

第 5 章　评价抗逆教室

评价对构建抗逆教室至关重要。通过评价，可以测量、计算和量化抗逆教室的特征，使这些特征变得可视化。一旦这些特征被可视化，它们就可以被强化、扩展，并融入到日常的教学活动和实践中。如果没有评价，抗逆教室的特征只能作为对学生学习来说重要的抽象原则来讨论，对日常的教学活动则几乎没有实际影响。因此，提高教室抗逆能力的关键一步是评估现有的教室特征，以确定干预目标，并建立一个衡量进展的标准线。

评价教室抗逆性的策略必须是可行的，这样教师才可以很容易地将其作为有用的教学工具。这意味着测量教室六个特征的方法必须简洁，以确保评价不会破坏教室中的基本学习活动；它们必须易于编码和分析，便于高效评价；它们必须易于绘制，因为教室评估数据的图表信息应该让师生理解与应用。总之，这些措施必须具有良好的效度，使其结果的相关性对教师和学生来说是显而易见的。

教室的评估策略也必须具有很强的心理测验特性，以便其结果可以说服管理人员、学校董事会或社区领导等外部受众。为了证明它们是教室特征的可靠指标，需要在较长的时间里表现出较强的内部一致性和良好的重测信度。此外，当教室内的抗逆要素被改变时，这些测量方法必须对这些变化足够敏感，以便能发现干预效果。为了掌握教室中随时间产生的连续变化，这些测量方法必须能够重复使用，且不会产生扭曲的数据结果。另外，为了将抗逆教室的模式与现有研究相结合，必须将针对抗逆教室的简洁测量方法与基础研究中常用的更复杂、更全面的教室特征测量方法有机结合起来。

过去，教室改革的努力受到来自教室内的教师或者外部观察者的偏见的困扰，在教室里学习的学生和学生家长的观点被忽视。抗逆教室评价的一个重要贡献是，必须通过捕捉这些被忽视的教室参与者的视角，来评估现实情境中的抗逆教室的特征。

最后，根据定义，评价抗逆教室是评价教室的学习环境，而不是评价单个学生在教室中的需求和能力。这是一个特殊的挑战，因为大多数教育评价工具都针对单个学生或教师。确实，要使现有的测量策略适应教室特征的评估，同时仍要使用实用性和可行性强的策略，这需要很强的独创性。

在本章的其余部分，我们描述了几种评价教室抗逆性的策略。首先，我们描述了能够评价教室特征的几种重要的评价类型。其次，总结了抗逆特征的基础发展研究所采用的主要研究方法。最后，描述了我们开发的班级图谱量表，以及我们用来追踪中小学教室抗逆性特征的调查。班级图谱量表详见附录A。

评价策略

教室特征可以通过调查、评价量表、系统的直接的观察或教学活动记录和永久性物品来进行评价。每一种评价策略都有其独特的优势和不足。调查和评价量表被批评者认为是间接的工具，收集到的是参加者不精确的记忆和印象。然而，在某些情况下，评价量表可以成为提供教室特征的有力指标，因为其反映了高度熟悉教室并且对可能发生的单个孤立事件反应并不敏感的人们的累积经验。

> 评价量表反映了高度熟悉教室并且对可能发生的单个孤立事件反应并不敏感的人们的累积经验。

当完成量表的人了解评价量表所需的信息，当问题的表述是便于理解的与准确的，当评价量表足够简短，以便评分者不会觉得很乏味时，评分是最准确和最有用的。通过仔细规划问题，并汇总多个评分者的结果，可以将其用以评估教室特征。如果从教室里所有参与者那里收集数据，评价量表可以成为生态的、广泛的测量方法。

系统的观察是非常有价值的，因为其提供了有关教室中事件或活动的客观信息。然而，收集可靠的观测数据前，需要对观察者进行实质性的训练，观察者必须严格遵守预先制定的观察协议。此外，单个的、系统的观察可能还不足以提供关于事件的可靠数据（Hintze & Matthews，2004）。相反，可能需要在超过一天的时间里收集多个观察结果，以确保拿到有代表性的教室活动样本。更重要的是，只有当研究中的现象对教室观察者清晰可见时，观察才有意义。有时，教室里的一些事件很难被客观的观察者准确地解释。举个例子，学生比成年观察者更能分辨同伴拉扯和同伴攻击之间的区别。制定简洁的观察方案，培训观察者并使之遵循该方案，持续评估数据的可靠性，有利于保证观察的可靠性。

　　在某些情况下，教室的教学记录可以用作教室评估的数据。例如，教师的教学记录簿通常会记录学生的出勤率、迟到率、作业完成率和学习表现等信息。学生上交的论文可以反映学习质量或学习任务的完成情况。办公室纪律报告的数量、频率和性质有时可以提供教室行为的指标（Irvin et al.，2006）。永久性记录评估最明显的弱点是，收集的信息并不总是像人们想象的那样可靠。例如，在我们研究的一所中学里，学生上学记录非常不准确且不完整。收集这些记录信息并不难，但只有当教学记录真实、客观，它们才可以提供非常有用的评价数据。

现有的教室特征测量方法

　　先前的大多数研究都集中在测量学生和教师的个体特征，测量这些特征有助于建立教室人际关系，为学生发展自主性提供支持。尽管如此，通过将教室里所有个体测量的结果汇总起来，可以评价教室环境。例如，贝克、坎普豪斯、霍恩和温莎（Baker，Kamphaus，Horne，& Winsor，2006）要求一个学区的 68 名教师填写一份针对所教学生的、包括 148 个选项的行为检查表，回答为学生提供住宿的频率的相关问题，并对可以帮助学生取得成功的做法进行评分。调查结果可以呈现学生行为需求的普遍性和差异性，为学生提供更完善的行为支持。这些类型的学区资料对于有针对性地规划学校心理健康服务，满足该学区学生的需求，是非常有价值的。

聚合个体测量结果的策略可以用于学生、家长或教师的评分和报告。然而，尽管教师报告很有价值，但要转换成全班范围的衡量标准却极具挑战性。教师为每个学生填写评分表是很乏味的。贝克等人（Baker et al.，2006）报告说，目前尚不清楚，教师在为 20 或 30 名不同的学生填表时，是否能对如此冗长的评分表给出深思熟虑和准确的答案。作为另一种选择，亚设（Asher，1995）通过在一页的顶部写一个问题（例如，谁经常戏弄其他学生？），并在下面列出班上的学生名单来收集教师对整个班级的评分，教师只需要圈出学生的名字即可。

系统的观察程序可以评价学生个体的社交和情感能力。在观察单个学生的同时，可以充分利用观察间隔，系统地观察班上的其他学生，以此来进行全班的观察。对这些改进措施的解释必须十分谨慎。这些改进会改变心理测量特征，因此使用改进后的工具时必须重新评估工具的可靠性和有效性。

在过去的十年中，针对六种教室特征的评估工具（包括面向全班和全校的）的数量和质量都大幅提升（Baker，2008；Severson，Walker，Hope Doolitt，Kratochwill & Gresham，2007）。这些工具主要可分为四类：（1）学校和教室氛围调查，要求学生描述他们在教室内的学习和活动经验；（2）社会指标评估，要求学生评价同学的特点；（3）了解学校或教室内问题的性质和普遍性的分层调查，这种调查往往步骤复杂；（4）归档数据的数据库调查，旨在细致分析、描述学生学习和取得成功的条件。

> 在过去的十年中，针对六种教室特征的评估工具（包括面向全班和全校的）的数量和质量都大幅提升。

教室氛围调查

教室氛围是指在教室里师生所感受到的社会和心理环境。它通常（但不完全）是通过调查来评价的。调查可以由一个班的所有学生或者教师以及其他在教室工作的成年人完成。虽然对教室氛围的显著特征的指标还没有达成共识（Zullig，Koopman，Patton & Ubbes，2010），但大多数氛围调查都要分析生生之间、师生之间的积极或消极关系。然而，有些研究描述了教师、管理人员和其他成年人之间的关系。其他一些教室氛围调查则关注学生之间的暴力和欺凌事件的数量、教室的物理特征、学生遵守校规的程度、教师对学生的学业期望，以及学生和学校工作人员的多样性等。因此，尽管大多数调查在标题中使用了"氛围或环境"一词，但实际的调查内容因评价的侧重而有所差异。教室氛围的强弱可以用被调查者的积极看法来描述。

耶鲁学校气氛调查（YSCS；Haynes，Emmons，& Comer，1993）就是一个例子。它是作为康迈尔（Comer，1993）学校发展项目的一部分制定的，该项目的目标是使家长和教师有权资助那些可以改变儿童生活的学校。耶鲁学校气氛调查评估学生对成就动机、公平、秩序和纪律、家长参与、资源共享、学生人际关系和师生关系的看法。调查对象包括学生、教师和家长，汇总这些学校生活亲历者的调查数据，可以评价学校的整体学习环境。

重要的是，耶鲁学校气氛调查忽略了抗逆教室的两个特征：学生的学习效能和自主学习能力。因此，我们认为它对学校环境的调查是不完整的。事实上，这是进行教室氛围调查的一大挑战，即除了要保证调查具有很强的技术特性外，还必须保证教师和学生能够准确理解问题所隐含的特定含义。多尔和杜利（Doll and Dooley，2013）以及祖利格等人（Zullig et al.，2010）对教室氛围调查进行了更多广泛的讨论，可供参考。

社会指标评估

对教室同伴关系的社会测量是衡量教室生态系统最传统的方法之一。20世纪30年代，针对儿童与同龄人相处能力的社会测量方法开始发展。20世纪50年代，这种方法被广泛应用于描述教室的社会氛围（Barclay，1992；Cilless，2009；Gresham，1986）。随后，这种方法为20世纪80年代、90年代儿童同伴关系的实质性研究奠定了基础，在测量同伴接受和社会能力的有效性、可靠性和稳定性方面已经得到很好的验证（Cilless，2009；DeRosier & Thomas，2003；Gresham，1986）。

社会测量评价可以使用同伴提名策略，即让学生列出符合描述的同学（如朋友），也可以使用名册评分策略，即让学生根据标准对每个同学进行评分，如"喜欢玩"（Cilless，2009；Gresham，1986）。同伴提名策略有时会限制学生可以提名的同学人数（例如，你的三个最好的朋友），有时会要求否定而不是肯定的提名（例如，你不喜欢和哪个孩子一起玩）。测量时通常会首选名册评分，因为其反映了学生对班上其他学生的总体接受程度，这似乎比提名更可靠（DeRosier & Thomas，2003；Parker & Asher，1993）。当使用提名策略时，限制学生可以提名的同学数量是有问题的，因为这低估了学生相互之间的友谊，并且人为地降低了同伴接受的程度。尽管如此，评分和提名策略在不同的时间与情境中都显示出了较高的稳定性（Cillesse，2009；Coie & Kupersmidt，1983；DeRosier & Thomas，2003；Gresham，1986）。

当使用同伴提名或名册评分的策略时，可以通过计算学生获得的提名数量或计算平均同伴分数来确定班级中任何一个学生的同伴接受度（Cilless，2009；Gresham，1986）。如果两个学生互相提名或给予对方很高的评价，就可以确定同伴间的友谊。社会测量特别适合描述教室内的同伴氛围，可以通过计算同学之间给予对方的平均社会测量评分，也可以通过使用无限列表程序计算出给予和接受的正面和负面提名的平均数量。

近几十年来，学校越来越少地使用社会测量程序（Doll，1996）。这主要是因为社会测量评分要求学生承认他们更喜欢某些学生而非其他学生，或者要求描述他们对同学的负面评价，从而可能冒犯了学生之间的情感。研究人员收集的证据表明，社会测量评分和提名不会破坏教室同伴关系，不会促使学生消极对待自己的同学，也不会在同学之间造成难受的感觉（Bell Dolan，Foster，& Sikora，1989；Hayvren & Hymel，1984）。尽管如此，许多学校和学区出于这些原因禁止使用社会测量程序，在使用这些程序之前，必须与管理人员核实（社会测量学在学校应用的广泛历史可以在巴克莱找到，1992）。

分层调查

分层调查策略基于流行病学研究方法，这种策略能够有效描述社区内问题的性质和流行程度，并确定可能使问题发生的环境特征（Baker，2008）。从历史上看，用流行病学方法评价的"问题"是可以通过两分法进行描述的，即任何一个社区成员都"有"或"没有"这种疾病（Short & Strein，2008）。然而，现代流行病学研究除了用来评估疾病之外，还用来评估行为、教育或社会状况，只要可以通过二分法来定义。例如，一些与抗逆教室相关的二分法条件包括社会条件（学生在超过一半的课间休息时间独自玩耍），家庭—学校条件（教师从未亲自或通过电话与家长交谈），以及学业脱轨的证据（每月缺勤超过一天的学生，或完成作业不足 80% 的学生）。

分层策略使用"多重门控"设计，包含三个或更多的评估阶段，每个阶段逐步更精确地识别出潜在的学校或班级成员（Baker，2008）。第一阶段通常是一个简要的评估，它能有效地将那些明显没有表现出问题的学生和那些可能有问题的学生区分开来，非常节省时间和资源，可以供大量学生使用。第二阶段或中级评估通常需要更多的资源或时间，但只是针对性地提供给少量学生。第二阶段评估的目标是确定那些很有可能被证明是有问题的学生。第三阶段即最后一各阶段可能是相当耗时的，目的是验证某些学生确实存在问题。

例如，行为障碍的系统筛查（SSBD；Walker & Severson，1992）采用了分层策略来识别小学中所有存在行为障碍的学生。第一阶段，教师列出了他们班上的六名学生：三名学生表现出最外化的行为，三名学生表现出最内化的行为。第二阶段，教师完成关键事件检查表（共 45 项），以描述六名学生的关键行为的性质和频率。那些被认为超过规范标准的学生被纳入第三阶段的评估，在教室和操场接受系统的观察。当观察结果证实他们有过多的消极行为、异常孤立或在学习活动中走神时，他们会被转交给学校的儿童学习小组进行行为规划。行为障碍的系统筛查是一种省时的筛选程序。对于一所有 20 个班级的学校来说，行为障碍的系统筛查的第一、二阶段的分级管理将花费每个教师大约 60 分钟的时间，并且需要额外的 100 小时的观察时间来完成第三阶段。沃克尔等人（Walker et al.，2010）曾在杰斐逊教区公立学校（新奥尔良，路易斯安那州）使用该方法筛查所有小学生（1~5 年级）可能有的行为障碍，其结果被用来调整学区提供的循证行为干预措施，以满足学生的行为需求。

档案数据

学校和教室产生了大量的相关数据，而且许多数据从来没有被用来仔细分析现状或趋势。例如，出勤和迟到记录可以提供学生参与教室活动的初始指标，在对学生出勤和准时到校有实质性要求的中学，这些记录变得更有价值。有些教师会记录学生行为——学生因课堂行为不当而被要求离开教室时填写的"反思"任务表，还有学生因违反规定而给父母写信的记录，或者记录学生因纪律原因被送到办公室时间的"登录"日志。

> 学校和教室产生了大量的相关数据，而且许多数据从来没有被用来仔细分析现状或趋势。

这些档案记录的价值在于它们已经被收集，因此只需要被组织和分析，就可以分析出问题的普遍性或趋势。第二个优点是，它们通常是纸制产品，可以被编码并输入可靠的数据库中。缺点是这些现有的数据可能无法很好地匹配教师试图跟踪的历时问题。例如，"学业投入"不仅指学生上课、完成学业，还包括对学习的认真、细心，对学习内容的兴趣和投入程度。出勤和学习任务完成记录只是提供了一个过于简单的学业投入指数。档案记录的第二个缺点是有时相当不准确。教师可能只将四分之一的作业情况记入记录簿，而学校出勤记录可能忽略了大量缺席的学生。因此，仔细检查档案记录是如何保存的，并判断其准确性至关重要。

全校信息系统（SWIS；May et al.，2003）就属于典型的归档数据。这是一个用于纪律追踪的数据管理系统。学校工作人员平均每周花费10~60分钟将纪律信息输入数据库，然后能够生成报告，说明学生提交的纪律比率和趋势、问题行为、在学校的位置等（Irvin et al.，2006）。更重要的是，来自全校信息系统的用户调查表明，一旦干预措施到位，他们将使用基于这些报告提供的数据，对纪律问题的性质和程度以及这些问题的变化做出决策。作者强调，如果程序过于复杂，会影响数据录入和解释程序的可靠性，因此必须对输入数据库的所有步骤作出简洁、明确的操作定义。

班级图谱量表：一种替代性的评估策略

基于实践和实证支持的教室抗逆性评价工具，也存在一定的局限性。因此我们开发了一种名为"班级图谱量表"的替代性评估策略（Doll，Spies，Champion，et al.，2010；Doll，Spies，LeClair，et al.，2010；Doll et al.，2009）。班级图谱量表是一个由八个简短的匿名学生分量表组成的调查表。每个学生都对教室的六个抗逆性特征进行评分：学习效能、自主学习、行为自控、师生关系、同伴关系和家校关系。这项调查是基于社会测量评分程序开发的。研究表明，学生的社会测量评分能够准确描述同学的社会优势、社会弱点和人际角色（Cillessen，2009；Gresham，1986）。这也说明学生们可以用其准确地描述教室的抗逆性。最后，汇总所有学生的单项评分作为教室测量结果。班级图谱量表的副本详见附录A。

每个班级图谱量表项目均描述了教室或学生的特征。55个测试项目被分为八个分量表。其中三个分量表描述了教室在促进学生自主性方面的特征。"相信自我"量表（八个测试项目）通过询问学生对成功的期望来评估教室内的学习效果。"负责任"分量表（八个测试项目）通过询问学生参与与学习相关的目标设定和决策来评估自主学习。"遵循班级规则"分量表（六个测试项目）通过询问同学的行为来评估其行为自控。

另外五个分量表主要用来评估教室的人际关系。"我的老师"分量表（七个测试项目）通过询问学生与老师互动的经历来评估师生关系。"我的同学"分量表（六个测试项目）通过询问学生是否有朋友可以一起玩、聊天和坐在一起来评估同学之间的友谊。"这个班级的孩子们"（五个测试项目）通过询问班上的学生是否打架、争吵和取笑来评估同伴冲突。"我所担心的"分量表（八个测试项目）要求学生对同伴攻击的担心程度进行评分。"和父母谈话"（七个测试项目）通过询问学生与父母谈论学校的程度来评估家校交流。这五个分量表中的两个分量表"这个班级的孩子们""我所担心的"主要评估教室里的负面事件，用正面的替代性语言描述这些负面事件过于复杂，而且需要运用许多双重否定，因此最终使用负面措辞来表述。除了这两个分量表，其他所有分量表上的项目都是对教室的正面描述。

学生使用四点李克特量表完成班级图谱量表（从不，有时，经常，几乎总是），比如：

我喜欢学校
从不　有时　经常　几乎总是

对学生的回答进行赋分编码，"几乎总是"3分，"经常"2分，"有时"1分，"从不"0分（"这个班级的孩子们""我所担心的"两项分量表是反向编码的，即"几乎总是"0分，"经常"1分，"有时"2分，"从不"3分）。然后，通过平均每个分量表上所有项目的评分来计算分量表分数。分量表分数可以在0~3之间。因为每个分量表都代表一个教室特征，所以不应该用所有班级图谱量表分量表的分数进行平均。

我们在二年级至八年级的教室里使用班级图谱量表。学生们强烈表示，让他们知道为什么要进行调查，以及如何使用这些调查信息是非常重要的。因此，在进行班级图谱量表时可使用以下说明：

这些问题会询问你关于你的教室的一些事宜。当完成后，我们会把你所有的答案收集在一起，并形成一个图表。这是另一个已经参与调查的班级的例子（展示从另一个班级收集的数据图表）。这是一组四年级学生对他们班级的评价。图表显示，很多孩子对课间休息没有兴趣，大部分学生会发生争吵或者觉得太孤单。利用这些信息，全班同学决定在课间休息时设计一些全新的、与众不同的游戏，并让全班同学都可以参与进来。这是四年级学生在实施他们的计划几个月后的观点。（向全班展示"后测"图表）。

一旦我们有了你们的班级图谱，你们的老师和我会在教室里向你们展示。然后，你们和你们的老师可以利用这些调查信息，采取一些方法让你们的教室变得更好。

分析班级图谱量表结果，一个简单的方法是计算每个调查问题的频率（即每个回答的次数）。然后，可以使用简单的堆叠条形图绘制结果，其中底部数据显示"几乎总是"的回应次数，第二个部分显示"经常"的回应次数，第三个部分显示"有时"的回应次数。"从不"的回应次数通常用鲜红色标识，以表明它们是值得关注的。当然，对于"这个班级的孩子们""我所担心的"两项分量表，这个图形是相反的，其中"从不"应该在底部，因为这是最积极的反应。本章结尾的案例研究中包含了一个"同伴冲突"调查案例（图5.1）。在图中的每一个条形柱上均标注了简短的问题，使教师和学生更容易理解结果。

班级图谱量表的技术特性

班级图谱量表的发展基于系统的规模评估和循环改进（Doll, Spies, Champion, et al., 2010; Doll, Spies, LeClair, et al., 2010; Doll et al., 2009）。其循环始于分析抗逆教室特征的实证研究，从中得出测试项目，然后根据教师和学生的反馈对这些项目进行改进。调整项目格式，使学生能够快速、方便地做出回答。密切监控所需时间，调整项目内容，以便大多数学生能够在20分钟或更短的时间内完成班级图谱量表的纸质版本。测试项目随后被细分为分量表，并仔细检查分量表的

> 班级图谱量表的发展基于系统的规模评估和循环改进。

因子结构和内部一致性，以确保最终的班级图谱量表既简洁又具有技术可靠性。然后，根据这些分析改进调查，并重复该过程，直到每个班级图谱量表分量表显示出足够的内部一致性（α>0.70），并且班级图谱量表的因子结构与预测的八个分量表结构相匹配。

较高的内部一致性可以确保每个班级图谱量表分量表的可靠性，证明其可以作为评价该特征的工具。较高的 α 系数表明所测项目都在测量相同的特征。班级图谱量表的目标是在不牺牲内部一致性（α>0.70）的情况下创建相对简洁的分量表（八个或更少），这是一个具有挑战性的目标。在最近一项针对小学生的研究中（Doll，Spies，LeClair，et al.，2010），所有分量表的内部一致性都很强（α ≥ 0.75）。在针对中学生的另一项研究中（Doll，Spies，LeClair，et al.，2010），班级图谱量表分量表的内部一致性甚至更强（α ≥ 0.82）。

班级图谱量表被发展为八个相关但不同的分量表，每个分量表可以用来评估抗逆教室的某一个特征。因此，在班级图谱量表的因子分析研究结果中，每个分量表应代表不同的因子。有证据表明，有三项小学研究将班级图谱量表纳入预期的分量表中：第一项有 1615 名学生（Doll & Siemers，2004），第二项有 420 名学生（Doll et al.，2007），第三项有 345 名学生（Doll，Spies，LeClair，et al.，2010）。这一点得到了验证性因素分析的支持，该分析也考察了班级图谱量表在中学生群体中的因子结构（Doll，Spies，Champion，et al.，2010）。

有研究人员开发了调查六个教室特征的量表，并加以运用。将班级图谱量表分量表与这些量表进行比较发现，班级图谱量表分量表与类似量表存在正相关，这进一步说明了班级图谱量表的准确性。在一项研究中，班级图谱量表和 YSCS 的平行量表显著相关（0.47~0.80；Paul，2005）。在第二项研究中，友谊特征量表和"我的同学"班级图谱量表分量表之间的相关性是显著和稳定的（r=0.81；Doll et al.，2006）。第三项研究表明，班级图谱量表的所有分量表与中学生对科学教学的评价程度、科学效能感与班级图谱量表"相信自我"分量表（r=0.66）以及科学投入与班级图谱量表"负责任"分量表（r=0.62；Doll，Champion，& Kurien，2008）高度相关。最后，使用小样本设计的干预研究提供的证据初步表明，班级图谱量表分数对教室改变有影响（Murphy，2002；Nickolite & Doll，2008）。

这些数据足以证明，如果不使用完整的班级图谱量表，而是单独使用其中任何一个分量表均是合理的。但在大多数情况下，使用完整的班级图谱量表是比较可取的，因为它为教师提供了分析抗逆教室特征的全面数据。然而，在某些情况下，教师事先知道他们的干预措施是针对某一项抗逆教室特征的，则可以只收集班级图谱量表某一项分量表的数据。同样，班级图谱量表分量表在更传统的单一学生评估和干预中也是有效的。然而，在更广泛的全班评估中，学生必须匿名，这样可以提供有意义的评分，因为这种匿名性排除了从全班的数据集中检查单个学生的数据的可能性。

目前还没有适用于班级图谱量表的、有代表性的国家标准。基于调查数据采取有价值的决策，应该针对存在的问题或是干预的需要。一般来说，当超过 10% 的学生报告某个问题"几乎总是"存在，或超过 30% 的学生报告某个问题"经常"或"几乎总是"存在时，该问题就值得关注和干预（当然，对于使用正面表述的量表则相反。如果超过 10% 的分量表报告"从不"，或者超过 30% 的分量表报告"从不"存在或仅"有时"存在，则可能需要提升强度）。

总　结

本章讨论了评价教室的一些方法，这是描述教室优缺点的第一步。这些评估的最终目的是让教室的各项特征变得可视化，便于教师、教室团队和学生把握并努力加强这些特征。第 6 章解释了如何利用这些信息指导后续干预，第 7 章解释了如何使不同年级的学生更容易获得这些结果。

临时运动场

克莉丝汀·比伯、布鲁克·查普拉，内布拉斯加州林肯分校

问　题

课间休息是大平原小学二年级学生一天中特别难受的时间。因为他们的教学楼正在翻修，师生正在适应一所较小的临时学校。一年级时，他们曾经享受过面积巨大的草地、篮球场和大型的游戏设施。而现今的二年级，临时操场大约只有篮球场那么大，而且游戏的空间也小得多。在这个非常狭窄的空间里，学生的活动经常相互干扰，导致大量的吵闹和争斗。每次课间休息开始时，学生们请求去街对面的场地上踢足球，但必须有老师陪同。一旦选择去街对面，学生们就得在剩下的所有时间里踢足球，没有其他选择。

课间休息后，老师们努力将学生的注意力转移到教学活动上，但挥之不去的操场争吵干扰了教室学习。为了解决这些问题，二年级教师与大学研究人员合作，希望减少学生在课间的争吵和冲突。

班级图谱的结果

学生们在 11 月底完成了班级图谱量表。在这个班级分量表中，20% 的学生认为，他们的同学"几乎总是"争吵，近 25% 的学生表示，他们的同学"几乎总是"相互推搡（见图 5.1）。

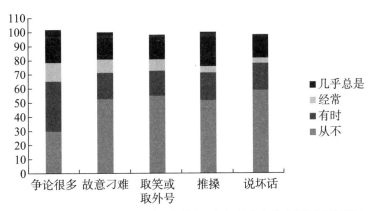

图 5.1　针对"这个班级的孩子们"（二年级教室）的班级图谱前测图

班级会议的结果

大学研究人员组织了班级会议，与学生讨论班级图谱量表的结果。在一节课上，当被问及课间休息问题发生的地点时，有 14 名学生选择了足球场，2 名学生选择了篮球场，1 名学生选择了其他设施，没有学生选择草地。学生认为，扔东西、孤立他人、取笑调侃、关于游戏内容与规则的分歧都是问题的原因。学生们还列出了他们认为可以采取的措施。一般来说，二年级的学生建议制定更多的规则（例如，不乱扔东西、不划分小群体、不伤害他人）或预防措施（例如，儿童监督，即当有人受到霸凌的时候站出来，轮流监督）。学生们还集思广益，提出了帮助老师解决问题的方法。这些措施包括加强监督，教孩子们如何解决分歧，以及制定全校范围的足球规则。

教师的感觉

教师非常关心学生们反映的争吵和肢体冲突问题。他们认为有限的游戏选择和拥挤的小操场迫使更多的学生踢足球。因为技能水平不同、对足球规则理解不同的学生在一起踢球，导致争吵更加频繁。他们还认为，通过加强班主任之间的沟通，鼓励他们始终如一地执行操场规则，可以改善课间休息的状况。

规划变革

我们制订了一个计划，针对每个操场游戏制定一套规则，并鼓励教师之间进行沟通，以保持一致性。体育老师教学生足球、绳球、篮球和四人制游戏的规则，并让班主任在教室里张贴这些规则。操场管理人员接受了额外的培训，使他们能够始终如一地执行操场游戏规则。他们还集思广益地制定了促进操场积极行为的策略，并为问题行为制定了统一的应对方案。

结　果

几个月后，学生们第二次完成了班级图谱量表。这一次的调查结果显示，课间冲突大量减少，如图 5.2 所示。只有 10% 的学生说其他孩子"几乎总是"吵架。更令人鼓舞的是，仅有 3% 的学生说他们班上的孩子"几乎总是"推搡对方。

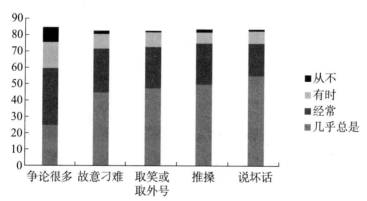

图 5.2　针对"这个班级的孩子们"（二年级教室）的班级图谱后测图

故事的后续

二年级的变革措施减少了课间的冲突和争论。但也有一些学生不喜欢新增的规则，想按照他们喜欢的足球规则踢球。尽管如此，共同规则的影响还是相当令人信服的，整个夏天，该区的体育教师面向全区为最受欢迎的课间游戏制定了规则。休息期间，管理人员对定期举行的游乐场会议表示赞赏，并要求来年继续进行这些会议。一旦学校的修缮工作完成，学生们将返回他们原来的学校就读三年级，老师们将努力把他们新制定的操场规则和程序带回他们原来的操场。

第6章 整合系统以求改变

　　将普通教室转变为抗逆教室并不需要花费很多时间，但的确需要许多人的共同努力和参与，一起为改善教室生态做出贡献。因此，最有效的变革计划是由教师领导的团队制定的，团队成员可能包括学校心理学家、辅导员、班主任、授课教师、学生家长和教室中的学生。这个教室团队应该经过精心挑选，使其既能代表班级成员，又能有足够的规模，以便高效和谐地工作。在本章中，我们建议教室团队可以使用合作咨询的方式来规划和实施教室干预。

　　教室咨询的基本程序借鉴了关于团队协商的大量研究（Burns，Wiley，& Biglietta，2008；Kratochwill，2008；Rosenfield，2008；Telzrow，McNamara，& Hollinger，2000）。教室团队协商与团队协商的主要区别在于，教室团队协商的目标是改善教室特征，而不是学生个体行为。团队协商使用基于数据的问题解决程序，在该程序中，通过系统的数据收集来识别、分析问题，并通过精心策划的干预措施加以解决，然后根据数据对干预措施进行评估和调整。系统的团队协商的成功与八个质量指标的存在直接相关（Kratochwill，2008；Telzrow et al.，2000），它们分别是：精确的问题定义、基线数据、明确的目标、假设的问题原因、系统的干预计划、完整的干预证据、描述干预效果的数据，以及与基线数据可比的学生表现。满足这些质量指标的团队实践对学生的学业和行为成功有更大的影响（Bahr，Whitten，Dieker，Kocarek，& Manson，1999；Telzrow et al.，2000）。不过，很少有团队能同时达到这八个指标，也很少有研究来阐明哪一个指标对学生的影响最大。某项研究表明，八个指标中只有四个与学生表现的重要变化有关，即精确的问题定义、明确的目标、完整的干预证据和干预数据的可用性（Kosse & Doll，2006）。

在本章中，我们将这些质量指标组织成一个简化的四步团队协商框架，强调收集和使用数据来描述变革的目标、规划及改进干预措施。四个教室团队协商的步骤是：

第一步：进行班级评估。教室团队收集有关教室的信息，并使用这些数据来描述教室日常支持学生学习的优势和薄弱环节。以这个评估为基础来衡量班级未来的变化。

第二步：理解教室数据。教室团队对收集到的信息进行整理、编码和绘图，然后与学生分享部分数据。听取学生对教室数据的解释和改进教室的想法。最后，协商团队将这些数据与学生的解释结合起来，为教室设定改进目标。

第三步：规划和实施教室变革。整合团队自己的想法和学生的贡献，编写改革教室常规和实践的计划。教室团队在执行计划的同时，仔细记录计划的执行情况，并记录下所做的任何修订。

第四步：评估和调整干预措施。教室团队监控干预的进程，定期收集教室数据，根据教室目标取得进展（或缺乏进展）的证据调整计划。

本章的其余部分将进一步具体讨论这些步骤。有部分构建抗逆教室的实例是教室咨询师而非教师发起的。另外一些例子则是由教师自己发起，召集团队，并在其指导下进行变革。除此之外，也有学校推广抗逆教室策略。本章从单一班级的角度讨论这一过程，第 10 章简要讨论了将教室团队协商机制引入全校的过程。在本章中，我们通过班级图谱量表描述班级数据，但第 5 章中描述的其他评估程序都可以被替换，只要它们提供可靠和有效的班级信息。

第一步：进行班级评估

教师通常决定实施教室的抗逆干预，是因为他们对班级学习环境的某些方面不满意。他们可能会关注少数学生或小组在行为、社交或学业上的成功。有时，他们关心的是教室的总体"氛围"及其对全班行为或学业的不利影响。在第一步和整个教室团队协商的过程中，团队必须遵循老师的指导，即使这与本书中建议的过程有些偏离。教师最终要对教室的管理负责，并需要保留关于改革计划的最终决定权。

必要的第一步是收集教室的抗逆性数据。第 2、3 和 4 章为描述教室特征提供了一个概念框架，这些特征应该由收集到的数据进行描述。这些特征包括描述教室内部（教师、学生、同学和家庭）之间的关系和支持学生的自主性的相关特征（包括他们的效能感、自我决定和自我控制）。

> 必要的第一步是收集教室的抗逆性数据。

首先组建一个小型的教室团队，协助加强教室的应变能力。团队成员可以包括另一位同伴导师、与教室合作的相关专业服务人员、在教室里工作的助理教育者或其他支持人员，或者是教室里一名学生的家长。尽管他们的参与会使日程安排复杂化，但家长们对如何协调家校沟通有着独特的理解，并可以争取其他家长对干预的支持。学生是教室的参与者，他们独特的视角可能有助于改变教学策略。重要的是，学生也是最有时间为教室努力做出贡献的成员。

为了给教室团队协商做准备，教室团队应阅读第 1 章至第 5 章，了解教室改革过程的概况，并解释增强抗逆性可以如何改善班级关系和成果。第一次召开小组会议时，团队需要分配一些时间来探索共同任务，并阐明团队希望对项目做出的贡献。无论团队成员有谁，教师参与都必须是自愿的，收集的任何班级数据都必须保密。我们自己的每一个研究示例都事先征得了校长的同意，即班级数据将属于教师，除了教师之外，任何人都不能在课堂外展示。这确保了教室的抗逆性干预不会转化为教师评价的演习。

与团队合作的教师在收集教室抗逆特征的数据前均获得了必要的批准。一般情况下，当教室数据仅用于教学目的时，大多数学校不需要正式的审批流程。然而，无论如何，我们都会给家长发一封信，向他们介绍此项目及使用教室信息的方式。（当然，如果计划将教室数据作为更大规模研究的一部分进行发表，团队必须遵循正式的研究审批要求，以获得学区、学校、家长和学生的同意，并确认保密性。）

接下来，团队将收集有关教室特征的数据。因为要充分及有效地评估这些教室特点，学生调查既实用又可靠，其他可用的方式则相对较少。为此，我们开发了班级图谱量表，以便我们可以将匿名的学生问题与抗逆教室的概念框架结合起来（更多的信息参见第 5 章关于班级图谱量表的介绍）。班级图谱量表的纸质版调查问卷大约需要 20 分钟完成，计算机在线调查则只需要 15 分钟。因为有些班级图谱量表问题是关于老师或教学实践的，所以我们通常会让一位教师之外的团队成员在教师不在教室的时候，向全班朗读问题。我们会大声朗读每一个测试项目，并安排人在教室里面走动，以回答因学生的阅读水平差异而可能产生的问题，即使在小学和中学的高年级教室里也应如此。

学生让我们了解到，解释收集教室数据的目的以及使用这些信息的方法的重要性。例如，一位七年级学生问："这是要改进我们的学校吗？因为，如果我们在回答问题前知道这些，我认为我们会说实话。"从那时起，班级图谱量表的说明中，会给出另一个教室使用调查数据来改革教室的实例。详细说明参见第 5 章。

第二步：理解教室数据

第二个重要的步骤是收集、整理和解释数据。由此产生的教室学习环境"图表"将被用来精确地描述改变目标，考虑造成教室薄弱环节的可能原因，并集思广益，从多个角度提出改变的干预措施。附录 B 中的第二步任务单"理解教室数据"将可以用来指导这一过程。教师在理解数据方面发挥着核心作用，因为他们对教室动态的基本洞察力构成了数据解释的框架。

团队分析并绘制教室数据图，因为数据图几乎总是需要展示给学生，所以它们的格式需要清晰、简单和易于解释。例如，如果用简单的条形图来描述每个问题的答案，那么班级图谱量表图更容易被学生理解。该条形图显示学生选择每个答案的人数。在中学教室中，图表可能会显示出学生每种回答的百分比（有关数据分析和图形的其他信息，请参阅第 5 章和第 7 章）。应始终仔细确认数据图表，以确保识别信息（如教师姓名或办公室代号）没有错误。

教师和教学团队一起检查数据图表，并确定这些图表揭示的教室优势和薄弱环节。这是一个复杂的过程，如果团队预先浏览了第二步"理解教室数据"的任务单（见附录 B），用铅笔勾画出已经做出的决定，流程会更顺畅。任务单中的问题可以提高团队对薄弱环节的理解，并向他们阐明全班提出问题的条件。这会引导教室团队围绕教室里还有哪些因素导致了这些薄弱环节展开讨论，并形成关于为什么会出现这些薄弱环节的假设（有根据的猜测）。实际上，这些讨论初步分析了形成教室薄弱环节的原因，以及导致这些薄弱环节的环境特征。

除了提供导致教室薄弱环节的背景信息外，团队对数据的讨论还促使人们猜测为什么会出现这些薄弱环节。这些假设有时被认为是"赞美问题"，然而，它们实际上远不止是对薄弱环节的美化描述。相反，这些假设可以与团队中教育家的经验结合起来，对教室抗逆机制形成一个丰富的、探索性的理解。这些机制对于随后的干预计划至关重要。

在整个讨论过程中，教师对教室抗逆性的理解可能带有主观性，团队需要对这一点保持敏感。有时，教师对教室薄弱环节的理解，会因过度的情感原因而变得复杂，这些原因对解决问题帮助不大。专业挫折感可能会导致教师将问题"小题大做"，而其他团队成员可能会倾向于接受这种消极的观点（Caplan，1970）。教师往往基于最坏的可能性提出方案，为了保证客观性，团队可以给出比教师更合理、更有操作性的替代方案，而无需质疑教师对问题的基本描述。

通常，一个教室团队将包括一名学校心理学家或其他在解释数据方面有丰富经验的人，并且这些成员可以经常提出一些探索性的解释，或者与其他成员不同的、有趣的解释。然而，如果团队要保持真正的协作，那么可以提供暂时的解释，但不能让这种先验知识主导讨论（Rosenfield，2008）。然后，所有团队成员平等地参与决策，朝着一个共同的目标努力，并分担相应的责任。第二步任务单"理解教室数据"将指导团队协商的过程，避免出现个别成员控制会议的情况。

应注意将教室看作一个有助于形成学习氛围的多因素生态系统，讨论的重点是明确教室的优势和薄弱环节。团队不能将图表视为衡量教师的班级领导能力的一个指标。干预方案可以提供简洁的解决之道，以及有助于团队始终聚焦教室优势和积极目标的策略（Murphy，2008）。例如，讨论某个假设的薄弱环节不存在或不是问题时，可以重点关注有助于成功解决薄弱环节的条件。当薄弱环节不再是教室内急需解决的问题时，让团队成员详细描述他们期望看到和不想看到的状况，可以更清楚地阐释改革的目标。

除了任务单上的问题外，尽管团队成员还可以提出其他问题，但任务单上的问题会系统地引导团队做出最终决定，即明确教室变革的目标。任何阅读这个目标的人都应该了解到底会发生什么样的变化，成功是什么样子的，以及需要多大的变化才能有意义。从语用学的角度来说，目标应该用清楚、准确的语言来表述，这样每个人都能知道目标何时实现。一个明显的目标是"每天早上第一件事，90%的学生应带着作业来上课，准备交作业"，而一个不准确的目标是"所有学生都会完成作业"。

陈述目标必然要利用教室中可以用来标记目标进展的其他数据（频率计数或学生自我监控）。进度监测数据可以包括每周用来记录管理与干预的班级图谱量表分量表，诸如学习任务完成率、行为记录上交率、纪律记录或简短的学生报告等现有记录。更多课堂评估策略的例子可参见第5章。在任何情况下，这些数据都必须简短、与教室目标相关，并且可以用图表来表示，以便在不影响团队成员其他职责的情况下，对其进行定期整理和分析。在实施干预计划之前，最好有七天或两周的时间持续收集基线数据。团队应确保数据收集尽可能轻松、可靠。与班级图谱量表一起，这些数据可以用来比较干预前后的效果，判断干预进程的标准。

学生自己审阅了这些数据后，团队将邀请学生对教室数据发表看法。学生的参与对改革教室生态至关重要，因为教室的多个参与者必须共同承担干预责任，这样改革才有意义和效果。因此，在第二步中，团队会召开班级会议，与学生讨论教室数据。这次会议让学生有机会评论教室数据的准确性，解释为什么存在缺陷，并提出改革的策略。为了强调学生对教室改革的共同责任，他们不仅要考虑老师可以做些什么，也需要思考自己可以做些什么来让事情变得更好。第 7 章对如何组织班级会议进行了全面说明，附录 B 中提供了第二步的"班级会议记录表"任务单。一个团队成员领导会议，而另一个团队成员使用记录表保存笔记是一个不错的策略。班级会议的问题不应限制在教室里讨论。相反，它可以选择在恰当、舒适的地方进行。但是，如果依次介绍每一个问题，则将涵盖所有关键的会议主题，耗时耗力。因此应提前向所有团队成员提供第二步"班级会议记录表"任务单的副本，以提高讨论的效率。

第三步：规划并实施教室改革

在第二步结束时，教室团队将针对教室出现薄弱环节的原因、如何改善教室薄弱环节集思广益。在第三步中，团队编写干预计划，让团队成员执行，并安排收集干预数据。第三步任务单"规划并实施教室改革"（详见附录 B）可作为本次讨论的指南。

设计干预计划应遵循以下三个原则。第一，等价性，简单地说，有很多方法可以达到同样的结果（Doll & Lyon，1998）。在选择一种干预措施之前，应鼓励团队探索几种替代性的干预措施。这种头脑风暴可能会促使团队确定那些本来不会引起注意的资源。一些团队可能希望某个成员充当顾问，并向他们提出"正确"的干预措施。但是，明智的团队顾问会采取协同的立场，在不排除其他团队成员想法的情况下，暂时提出干预建议，并鼓励讨论，以免过早地明确想法。第二，必须保证教师技能与班级特定干预的要求相匹配（（Kratochwill，2008）。有些干预措施可以调整或

> 鼓励团队探索几种替代干预措施。

改变，但不会影响其效果，而其他干预措施则不能。顾问应促使团队预测干预措施可能出现的困难，是否需要调整以匹配教室资源，以及调整后的干预措施是否仍然有效。最后，应该考虑干预措施对教师的可接受性（Elliott，1988）。如果描述干预的语言与教师对问题的看法（Kratochwill，2008；Rosenfield，2008）以及教室文化价值观（Brown，Pryzwansky & Schulte，2001）相匹配，则教师接受干预的可能性会更大。如果教师认为他们能够有效地做到这一点，并且他们的努力获得了预期的成果奖励，他们就会接受并实施干预措施（Tollefson，2000）。

　　教室干预措施必须兼顾经验的严谨性和实用性。因此，我们确定了两个级别的干预措施供团队选择，这些内容在第 8 章中针对每个教室抗逆性因素的分析部分有具体阐述。首先，针对每个教室的特征确定教室常规和实践中的微观变化；这些变化反映了教师的专业知识，或者可能已被调查每个人特征的研究人员作为建议纳入。例如，在教室里加强同伴关系的一个微观变化措施是增加学生在两人中或小组内进行愉快学习活动的机会。梅内西斯和格雷哈姆（Menesses & Gresham，2009）关于通识教育教学中合作学习的研究，以及伯恩特（Berndt，1999）关于友谊对学业的影响的研究证明了这种干预的有效性。教室团队通常会首先从这些微观的变革措施中进行选择，因为它们更易于实施。然而，当教室数据显示这些微观的变革措施无效时，就需要采取基于实证的干预措施，以增强每个教室的特征。基于实证的干预措施已在控制良好的研究中得到证明，可以增强一个或多个教室特征。尽管实施基于实证的干预措施需要付出更多的努力，采取更多的纪律措施，但它们在需要进行实质性变革的情况下可能是有效的：第 8 章介绍了针对六个教室特征的微观变革措施和基于实证的干预措施。

　　使用第三步"规划并实施教室改革"任务单，团队将创建一个简单的干预计划和一个收集数据的计划，以监控干预的影响。然后，小组将完成第三步"干预计划记录表"任务单（附录 B），作为谁进行了什么干预以及何时进行干预的书面记录。最好的记录还包括一个数据收集时间表。每周完成，可使用"干预计划记录表"跟踪计划执行情况。简单的"是—部分完成—

否"格式允许快速审查计划的每个组成部分，还可以提醒团队计划的关键步骤。理想情况下，干预期间的数据收集方式应与前测时保持一致，以便将新数据与基线数据进行比较。从这一点开始收集的数据将用于确定每一个子目标是否成功地达到，或者如何调整计划以便达到目标。

接下来，干预活动需要按计划进行。最好的干预计划是简单的，这样才不至于一下子改动太多，让班级不堪重负。非常复杂的计划可以分步实施，先做最简单的改变，然后逐步推进更大的改变。一些教师会希望顾问为计划实施提供直接帮助，为其他团队成员提供一些活动模型，或者直接与大组或小组的学生一起工作。和其他团队成员一样，顾问不应该做出他们无法遵守的时间承诺。过于复杂的干预计划很难融入日常的教学活动，如果干预计划对团队要求过高，则需要进行必要的调整。除了核心团队之外，其他团队成员分担必要的责任，也有助于降低干预计划实施的难度。

第三步的一个挑战是团队既要严格遵循变革计划，也要以系统和深思熟虑的方式对计划进行调整。完整地执行计划尤其重要，大多数计划失败是因为它们从未被真正执行过。一个常见的错误是要求团队成员去实施他们并不了解的活动计划。为防止意外偏差，团队每周至少召开一次会议，审查数据并监控计划的进度。在某些情况下，团队如果有充分的理由，可以调整计划。详细的记录计划实施过

> 大多数计划失败是因为它们从未被真正执行过。

程有助于确定计划实施的难点，集中精力修订计划，并最终使计划得到较好的落实。在某些情况下，有必要重新召集团队并考虑其他计划。但是，任何行动计划都需要足够的试验期（通常为两周），才能确定其有效性。在此之前，高效的团队不会轻易修改计划。

第四步：评估和调整干预措施

监控计划在实现教室目标方面的进展是教室团队协商的一个关键步骤。

为此，教室团队应连续收集与目标相关的教室数据，并对数据进行分析和监控，以确定进展是否明显，目标是否已实现。通常班级图谱量表会被重新设置，以保证教室里的学生也看到了团队注意到的改进。改革计划将快速有效地发挥作用，有时不到一个月就能完成。这时，团队可以整理教室数据，与教室里的学生一起，召开最后一次报告会，并将干预措施常规化，纳入到日常教学活动中。常规化不同于实现个别学生行为的"一般化"。一般化的目的是让学生在不同情境下的目标行为保持稳定，并淡化干预所带来的人为后果。在抗逆教室的干预计划中，目标不是要淡化教室原有的支持学习的措施，而是要在项目结束后，将新的干预措施自然融入到教室的常规和实践中。

在某些情况下，教室的变革计划似乎不起作用，或者只有部分计划起作用。在这种情况下，团队应返回第三步，并考虑修订计划或目标。当干预无效时，可能是因为干预的"持续度"不够。也就是说，干预活动可能是适当的，但可能需要提高干预频率或延长干预时间。另一种可能是，干预没有得到完整的实施，而且干预活动偏离了最初的干预计划，根本没有真正地在班级落实。在某些情况下，教室可能需要借鉴已被证明是有效的、基于证据的干预方法，进行更为严格、更大幅度的干预。最后，对教室学习情境的功能分析可能不准确或忽略了关键信息。在修订干预计划的同时审查和完善教室数据收集程序，使之一致、客观和全面，都是明智之举。

一些班级达到第一个目标，并决定将注意力转移到第二个目标。在这种情况下，建议重新全面收集教室数据，因为一个目标的进展会影响其他领域的课堂状况。可以保留同一团队，也可以召集一个新团队，然后重新开始该过程。

总　结

本章描述了基于数据的团队协商程序，任何在学校学生援助团队中工作过的人都熟悉这些程序，但是这个过程的重点是改革教室而非改变学生。教室团队协商的最终目的是设计、实施和评估教室干预措施的影响，以改善对学生的学业支持。第 7 章将进一步阐述可以更充分吸纳学生参与干预过程的方式，第 8 章将具体描述教室团队可能使用的干预策略。

教室团队协商的个案介绍

本章的案例介绍了一个由班主任、教辅人员、学校心理学家和教师同仁组成的团队，他们共同努力改善生生关系、师生关系。从已完成的任务单中，可以看出指导抗逆教室的问题解决策略。这名教师的两个目标分别是改善同伴关系与师生关系，以此阐明教室六个特征之间的密切联系。因为不可避免地，影响不同教室特征的因素之间彼此关联。该团队为改变教室而进行的工作协作尤其值得关注。此外，在进行教室改革时，同事往往是最好的教练。

教室团队协商的案例

埃莉，一位三年级的老师，她向学校的心理医生寻求咨询，因为她发现很难与"非常需要关注的学生群体"进行有效的互动。她解释说，学生们表现得"相互之间非常刻薄"，并且经常和她及助教争吵。她曾举行班级会议，试图解决这些行为，但问题似乎没有减少，因此她感到沮丧。

这位心理医生建议，采用团队协作的方式或许可以帮助她解决问题。他们一起邀请了助教和另一位三年级老师加入。在第一次团队会议上，当被问及要解决的最重要问题时，埃莉回答说："我们需要问学生……他们最了解。"该顾问提出收集匿名调查数据，以揭示教室最紧迫的问题并向团队提供直接反馈。

心理医生将调查结果绘制成图表，并将第二步"理解教室数据"的任务单（表6.1）一起带到团队会议中。当团队成员讨论这些图表时，心理医生完成了任务单。埃莉对师生关系调查中回答"有时"或"从不"的学生数量表示失望（如图6.1所示）。她解释说，在开学的时候，因为要准备很多材料，提高低分学生的成绩，她感到压力很大，所以可能忽略了建立融洽的师生关系和认真倾听学生意见的重要性。她想知道学生是否认为师生之间缺乏融洽关系也会影响同学之间的关系。这使她明确了教室的目标：改善自己与学生的关系，看看学生之间的关系是否也随之得到改善。

表 6.1　埃莉的三年级教室的第二步任务单"理解教室数据"

呼吁系统变革	
班级：三年级	目标设定日期：1月29日
你的教室数据显示了哪些优势？ 　　班上大多数孩子午饭时都有人陪伴；学生们会和父母谈论学校的事；当他们需要帮助的时候，他们会寻求帮助。	
你希望看到哪些薄弱环节得到改善？ 　　很多学生在谈论教师关系时回答"有时"或"从不"；根据报告有很多同伴冲突；学生们描述了教室里存在许多破坏性的行为。	
哪一个是最需要改变的薄弱环节？ 　　师生关系。	
除了教室数据外，你还有什么其他的证据证明这个薄弱环节是教室的问题吗？ 　　学生和老师、助教之间经常发生争执；学生之间也不友善。	
在什么时间和地点，这个薄弱环节对班级来说是一个特别需要关注的问题？ 　　放学前后、学生们午休归来、在阅读小组中、当课堂作业比较难时。	
在什么时间和地点，这个薄弱环节对班级来说不存在或不是一个问题？ 　　和学生一起吃"特别午餐"时；教师进行直接教学时。	
当这个薄弱环节表现为一个特别的问题时，教室里还会发生什么，或者不会发生什么？（示例可能包括在场的某些人员、小组的规模、一天的时间、座位的安排、对某项任务的期望等。） 　　一些有竞争力的孩子在去年年底学业水平落后，要提高他们的学业水平。	

呼吁系统变革	
班级：三年级	目标设定日期：1 月 29 日

一旦这个薄弱环节被"改善"了，教室会变成什么样？
- 到底会有什么变化？

课堂上和课间休息发生争吵的次数将会减少。
- 会改变多少？

记录的争吵数量将减少到每天三次或更少。
- 成功看起来和听起来会是什么样子？

学生与学生、学生和助教及学生和老师在课堂上和课间的争吵都会减少。

抗逆教室目标是什么？
改善与学生的关系，然后看看学生之间的关系是否也有所改善。

你如何知道班级是否达到了目标？
老师每天的笔记会显示学生在课堂上的争论减少；学生将描述一种更积极的教师
关系；休息时的争吵也会少一些。

还有哪些额外的教室数据可以反映教室目标已达到？
- 将收集什么样的数据？

教师每日记录课堂上和课间的争吵次数。
- 谁来收集数据？

埃莉。
- 什么时间收集数据？频率是多少？

每天课间休息结束后。

在班级会议上，你想向全班展示哪些教室数据？（可以考虑在第一个图表中显示一个
优点，在第二个图表中反映一个薄弱环节。）
师生关系图。

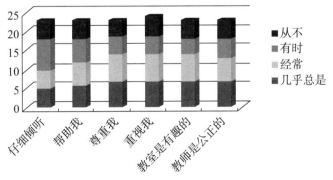

图 6.1　埃莉三年级教室的师生关系的调查图

几天后，当心理医生向埃莉的班级展示师生关系图时，学生们一致认为，他们希望与老师有更好的关系，如果他们相处得更好，教室里也会更愉快。他们想出了用彩色线为对方制作"友谊手链"的主意，提醒自己要像对待朋友一样对待对方，而不是像对待自己不在乎的人那样对待对方。他们还同意确保在小组活动中平等地接纳所有人。心理医生对他们的想法表示支持，并带领他们讨论了朋友应该如何相处和解决冲突。埃莉在第三步任务单"规划并实施教室改革"（表6.2）中做了笔记，在倾听的过程中，她觉得的这些做法是正确的。

接下来，埃莉的团队开会商讨进行教室干预以实现这一目标。心理医生使用以解决方案为中心的方法（Metcalf，1995），要求埃莉描述她改善师生关系的进展情况。她回答说，她经常和表现良好并完成作业的学生共进午餐。她评论说，她从来没有真正考虑过花"专门"的时间和那些行为不符合她的标准的学生在一起。当心理医生问她是否可以考虑这样做时，埃莉说："看这些图表，就像我脑袋里的灯熄灭了一样。当然，那些在学业、行为上苦苦挣扎的学生可能比表现良好的孩子需要更多的关注。我应该在未来的一年中都持续关注这一问题。"

继续基于以解决方案为中心的方法，心理医生询问埃莉是否可以考虑现在做什么来扭转局面。"我不再把给学生专门时间当作奖励，而是把它当作一个好的教学策略。毕竟，当他们在数学或写作上遇到困难时，我会给他们额外的帮助。"这一回复引起了团队成员的兴趣，他们开始讨论如何实施"储存时间"干预措施（Pianta，1999；Pianta & Hamre，2001），这在第8章中有更详尽的描述。老师会花一些专门的时间和学生一起做他们自己选择的活动，从而提升师生关系的质量。心理医生和团队完成了第三步任务单"干预计划记录表"（表6.3），这份任务单详细说明了埃莉如何以及何时与困难学生单独相处或在班级中相处，同时介绍了收集评估干预措施数据的方式。

表 6.2　埃莉的三年级教室的第三步任务单"规划并实施教室改革"

班级：三年级	计划日期：2月2日

你的抗逆教室目标是什么？
　　改善师生关系，同时观察同伴关系是否也有所改善。

你的教室数据显示了什么？
- 收集了什么数据？ 每日教师在课堂上和课间做的关于争吵的记录。
- 谁收集了数据？ 埃莉。
- 收集时间和频率？ 每天的休息时间之后。
- 数据显示了什么？ 很多学生在谈论与老师的关系时选择"有时"或"从不"；据报告有很多同伴冲突；学生们描述了许多教室里的破坏性行为。

你的规划变革有哪些？
- 从班级会议或数据收集中了解到哪些新信息？
孩子们很不友善；我们大多数时候都脾气暴躁；这是一个令人不快的教室；有时我们在家过得不好；我们让老师很头疼；孩子们模仿他们在其他班级看到的东西；我们忘记了彼此友好；有时候一些孩子不让我们和他们玩。
- 为了达到这个目标，这个班可以做些什么？ 选项可能包括以下一种或多种：
改变课堂常规□
改变教师行为□
改变学生行为□
改善教师技能□
改变教室的设施（通过添加或重新排列现有的事物）□
改变操场或其他学校设施的环境（通过添加或重新排列现有的事物）□
修改课堂纪律规则□
其他□

教室里会有什么变化？
变化1：轮流在午餐时间与三个最受困扰的孩子（马修、丽赛特、阿尼）进行对话。
变化2：为上午的休息时间设计一个有趣的学习游戏。
变化3：制作友情手镯，提醒大家要善待同学。
变化4：＿＿＿＿＿＿＿＿＿＿＿＿＿＿＿＿
＊接下来，在干预计划记录表中记录每个改变，并记录谁将做出这个改变，以及何时、何地。

是否应更改数据收集计划？
- 收集不同的数据？
- 改变数据收集者？
- 什么时间？频次多少？

团队协作的过程为埃莉及其教室的学生带来了很多好处。她越来越关注学生的社会情感需求，也意识到自己有能力为"问题学生"提供支持。她能够重新构建自己的"良好教学"的结构，包括在学生需要的时候给予他们专门的时间和关注。她不再认为额外的关注是"针对不良行为"的，而应把它当作一种有效的教学策略，并且她可以在自己和困难学生之间建立积极的关系。在进行了几个月的团队协作后，埃莉报告，学校里的其他老师非常希望听到她的新策略，并希望在他们的教室里进行匿名调查。埃莉塑造的这个内部专业发展的新角色使她在下一学年开始时，就拥有了很强的教学效能感和乐观主义。

表 6.3　完成后的埃莉的三年级教室的第三步任务单"干预计划记录表"

班级：三年级	记录周次：
变化/活动 1 将采取什么措施? 轮流在午餐时间与三个最受困扰的孩子（马修、丽赛特、阿尼）进行对话。 谁来做这件事? 埃莉。 时间：每周二和周四午餐时间。地点：在教室里。 变化完成了吗? 是□　部分完成□　否□	
变化/活动 2 将采取什么措施? 为上午的休息时间设计一个有趣的学习游戏。 谁来做这件事? 埃莉和班级学生。 时间：每天上午10点到10：20。地点：在教室里。 变化完成了吗? 是□　部分完成□　否□	
变化/活动 3 将采取什么措施? 制作友情手镯，提醒大家善待同学。 谁来做这件事? 班级学生。 时间：第一周。地点：在教室里。 变化完成了吗? 是□　部分完成□　否□	
变化/活动 4 将采取什么措施? ＿＿＿＿＿＿＿＿＿＿＿＿ 谁来做这件事? ＿＿＿＿＿＿＿＿＿＿＿＿ 时间：＿＿＿＿＿＿　　地点：＿＿＿＿＿＿ 变化完成了吗? 是□　部分完成□　否□	

班级：三年级	记录周次：

数据收集

收集了什么数据？<u>每日教师在课堂上和课间的争吵记录。</u>
这些数据是什么时间被收集的？

时间	周一	周二	周三	周四	周五
	是	否	是	是	否

附上实际数据记录。

第 7 章　让学生参与到计划和决策中来

　　到目前为止，本书已经描述了抗逆教室的六个基本特征，可用于评估这些特征的工具和方法，以及促进教室变革的、基于数据的问题解决框架。本章重点阐述吸引学生参与解释教室数据、设定教室变革目标以及在教室中充当变革推动者的策略。大部分工作将在班级会议的背景下启动，学生将遵循这些会议制订的计划。

　　班级会议是抗逆教室项目的本质特征，因为正是在班级会议上，学生、教师、教辅人员以及其他教育工作者共同设计干预的思路，师生一起讨论问题或就教室常规、活动和社区做出决定（Developmental Studies Center, 1996）。班级会议追求以协作发现为导向，这一导向与以学生为中心的建构主义教学非常相似。学生们自发的想法可能与成年人的预期大相径庭，因此干预措施需要教师与学生们共同设计。重要的是，必须有计划地推进班级会议，并保持协调一致，包括采取特定的步骤，以便收集必要的信息；熟练地提供协助，以便所有班级成员都可以舒适、方便地参加。班级会议还需要主持人集中精力，负责监控会议内容，保证会议过程的准确性和敏感性。最后，班级会议还需要灵活性，因为采取的方法和策略必须适应教室及其成员之间的个体差异。讨论策略需要根据每次会议的关注点和目的进行调整，并随着时间的变化而改变。

　　本章将介绍一个召开班级会议的协作过程，学生和教师应确定需要增强的教室特征，并明确促进改变发生的方法。班级会议通常要做四件事：第一，向学生提供描述教室特征的数据；第二，讨论、分析学生对数据的解释；第三，学生对改变教室的方式提出建议，随后可以将其纳入教室的干预计划；第四，为学生、教师和其他团队成员分配实施计划的任务。随着实施的深入，不可避免地需要对计划进行修订，并且有必要评估干预措施的效果。因此，必须召集后续的班级会议，以便学生也可以参与这些决定。为了清楚地描述这些会议，本章末尾提供了一个教室实例。最重要的是，当学生知道他们的想法被认真对待，他们的建议可能会被采纳时，学生的参与是最积极、最有效的。

本章中描述的班级会议源自多种促进班级会议的方法（Developmental Studies Center，1996；Glasser，1969；Murphy，2002）。班级会议受一些关键规则的控制。领导者提出问题，认真聆听并与学生确认所听到的内容很重要，以确保他们了解学生如何看待教室生活。这要求主持人在询问过程中保持机敏，尊重合作伙伴，并听从学生和老师的意见。反过来，这会使更多的学生和老师参与讨论。最初，如果教师不是班级会议的主要推动者，事情通常会更容易。教师在确定教室的特征方面起着至关重要的作用，他们应当能够自由地参与有关教室数据和变革计划的讨论。这给了学生一个隐性信息，即老师正在与他们一起计划变革。教师有时很难同时兼顾引导学生参与和促进学生发展的责任。最后，在班级会议中营造的社会氛围不可避免地会影响到其他课堂活动，因此，通过这些会议加强师生之间彼此的尊重是至关重要的。

也有很多学生不愿意参加班级会议。他们可能认为自己的参与不会给教室带来任何真正的变化。学生们可能之前试图改变教室的学习环境，尽管做出了努力，但并没有看到什么变化。特别是在新学年的头几天，老师经常要求学生参与制定教室规则和常规。有时，这成为一个过程，老师有意或无意地引导学生，为已经预先确定的教师或全校的规则进行决策。特别是当这种情况反复发生时，学生们可能并不真正相信他们的意见会被听到和认可。

在有些教室中，一些学生表现出异常的挑战性行为，这种情况尤其突出。如果学生不愿参与讨论，则教师有必要花更多的时间与学生讨论抗逆教室的本质。讨论可以传达教师对学生的期待，他们渴望学生参与到改善教学实践的真诚对话中。当学生将教师视为促进教室变革的伙伴，并且教师向学生表达了进行教室变革的诚挚愿望时，学生的抵触情绪就会减弱。在构建抗逆教室的过程中，认真介绍与教师一起工作的团队成员会很有帮助。学生需要认识到，教辅人员是值得信赖的和可靠的合作伙伴，他们将帮助班级认真考虑自身的需求，并细致规划和尝试新的变革策略。此外，可以向学生提供以前的抗逆教室干预案例，以及向学生和教师展示这些干预带来的积极结果，从而提高学生的信心，使他们积极参与数据收集和教室变革。

抗逆教室的会议形式

抗逆教室会议遵循一个可预测的结构。在向学生展示教室数据后，依次提出四个问题：

1. 你认为数据是真实的吗？
2. 你认为是什么引起了我们教室的这个问题？
3. 你认为教师可以采取什么不同的方法使事情变得更好？
4. 你认为学生可以做点什么使事情变得更好？

安排一到两个人负责把学生们在教室里的发言记录下来。在新组建的班级里，至少应保证一个记录员是成年人。不过，不管学生的年龄如何，指派学生抄写员来分担会议记录的任务都是有益的。当笔记呈现在教室前面的大图表板上时，班上的每个学生都可以对班级的计划进行监控和反思。（第二步空白任务单"班级会议记录表"见附录B）这个记录将确保在未来的计划中，不会遗漏班级会议提出的意想不到的、创造性的想法。

把教室数据呈现给学生

在班级会议中向学生展示有关教室特征的数据，可以提示他们做好计划，并为他们的决策提供指导。第一步，分享给学生的数据应经过慎重筛选。数据太多可能会使学生困惑，难以做出有意义的解释。数据太少可能会妨碍学生理解的完整性。第二步，可以准备数据图。直观显示数据会使学生更容易看到数据的相关性，并估计差异的大小、重要性和趋势。在呈现数据图时，首先向学生展示"大图"，然后再展示细节，效果最好。通常，如果提供少量但重要的事实，则学生可以最轻松地整合关键点。

呈现这些图形和图表，标志着班级会议启动。在小组面前呈现图形、数据，并简要描述数据反映的教室的优势和薄弱环节。有时，讨论教室数据可能需要稍微"搅拌"一下——教师和其他团队成员指出数据中明显的矛盾之处，或者提示学生关注数据的细微之处。

我们使用的数据图表和图形的例子分布在这本书中。但是，在小学低年级，有时有必要将图表进一步简化。例如，数据图可以聚焦一两个关键数据，以清晰、引人入胜的格式显示。图 7.1 和 7.2 显示了来自班级图谱量表的"负责任"分量表的两个不同的数据。图 7.1 是一个图解图表，描述了一个二年级城市教室的两条重要信息。图 7.2 是一个六柱图，它描述了八年级教室的同一种类型的信息。它与用在二年级学生身上的简化图表传达的信息非常相似，但它的格式可以让低年级学生很轻松理解数据，并解决问题。图 7.3 显示了班级图谱量表中"我的老师"分量表的结果。三年级的老师认为，

图 7.1　二年级某教室班级图谱量表"负责任"分量表结果说明图

这将使她的学生感到困惑，因为班上还没有开始教图形绘制单元的课程。因此，在图 7.4 中，该图被进一步简化，只显示需要学生反馈和讨论的最重要信息，减少需要关注的条形图，在纵轴上使用"学生数量"而不是"学生百分比"，使学生可以更轻松地解释数据。

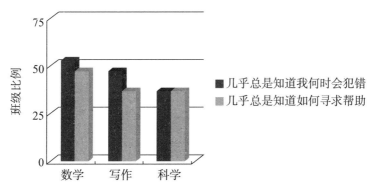

图 7.2　八年级某教室班级图谱量表"自主学习"分量表结果的六柱图

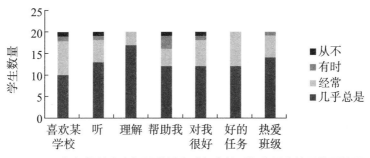

图 7.3　三年级某教室班级图谱量表"师生关系"分量表结果的原始图

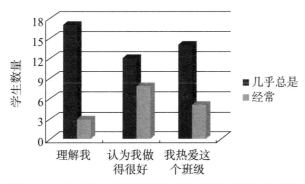

图 7.4　三年级某教室班级图谱量表"师生关系"分量表结果的简化图

第 5 章尝试用社会测量方法评估教室中的同伴关系，社会测量数据可能比调查数据更复杂，但是可以轻松简化，以便学生反思和理解它们。表 7.1 是来自某城市五年级教室的社交记录的一部分，该教室学生的表现远远低于州学术标准的要求。该表用于发起每周一次的教学干预，以提高学生的目标设定技能（有关干预的详细信息，请参见第 8 章）。了解班级的社会测量数据有助于学生选择教室的学习和社会目标，并规划达到这些目标的方式。尽管数据描述了每个学生的优缺点，但并没有指明任何学生的名字。该表引发了一场激烈的讨论，即表上的哪个学生代表了同学们想效仿的"理想"对象。然后，对话迅速扩展到讨论是什么让一些同学比其他人更有效率。

表 7.1　一个复杂的五年级教室的社会计量评价调查结果的例子

	学生 1	学生 2	学生 3	学生 4	学生 5	学生 6
有很多朋友	4	12	1	4	3	1
喜欢一起工作	5	6	0	3	3	0
喜欢一起玩	7	7	1	2	3	1
犯错最多的孩子	0	0	5	1	1	6
谁完成了学习任务	6	5	1	2	2	0
谁经常破坏规则	1	0	6	1	2	4

图 7.5 显示了一个图表，该图表用于向一个三、四年级的班级显示社会测量数据，该班级正在与严重的同伴冲突和习惯性的行为问题作斗争。将这个数据进行简单的可视化，使对话变得富有成效，而没有加深任何学生之间的冲突。

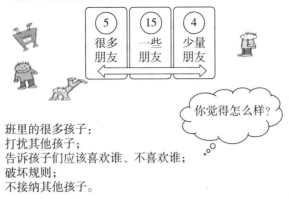

图 7.5　三、四年级教室社会测量评定调查结果的简化案例

让学生参与班级会议

　　讨论数据含义通常会使学生参与到解决教室复杂问题的过程中。这将要求学生用自己的语言描述问题的性质，猜测其在教室出现的原因，针对班级变革提出多项建议，并筛选出他们认为最有效的建议。他们可以通过分析调查结果产生的原因，阐释回答问卷过程中的事件或轶事，让数据变得可信。最后，学生可以对导致教室问题出现的原因以及解决问题的方法做出自己的解释。

　　询问学生的建议是很重要的，首先询问学生，教师可以做些什么来帮助他们；然后询问学生，他们自己可以做些什么来让事情变得更好。询问教师的解决方案同样重要，因为这是引起学生注意的优先策略。教师列出这些内容，便于更清楚地考虑学生的解决方案。如果不同时询问学生和教师解决方案，很多学生就会认为只有教师才能让教室发生变化。如果学生提出很多改革建议，那么解决教室问题的过程将更有价值。当班级对建议进行筛选时发现，在一个长长的建议清单中，最有效的建议通常既不在显眼的顶部，也不在底部，往往位于清单中间。

　　因此，重要的是，在听取师生所有建议之前不要过早地规划干预措施。

在班级会议期间，老师或其中一位学生应负责填写第二步任务单"班级会议记录表"，确保未来的干预计划不会遗漏班级贡献出的意想不到的、创新的想法。

有许多重要因素可以促使学生积极参加班级会议，提高他们在讨论中贡献创新思想的可能性。首先，在教室中营造一种"放松警觉"的氛围非常重要（Caine & Caine，1994）。最佳的讨论氛围是让学生高度投入，积极参与并乐于分享自己的想法和观点。其次，必须带给学生一定程度的不平衡现象。当学生面对挑战性问题、意想不到的数据或创新的想法时，他们的思维往往会更有活力，并做出实实在在的贡献。数据通常会为审视班级问题提供新的视角，因此在班级会议中呈现数据几乎总是会吸引学生的深度参与。教师和主持人可以围绕与当前结论相反的观点组织辩论，来促进学生的高阶推理。最后，一般来说，当学生自由发表自己的想法并诚实地回应同学及其老师的观点时，说明讨论是自发的。此外，伴随讨论过程的社交情感学习也可能有助于学生了解自己、自己的人际关系以及在教室内所处的位置。如果被点名，原本不愿参与讨论的学生有时会因受到鼓励而参与进来。即便有学生发表了不恰当的评论，通常经过调整后也可以加入班级讨论。

教室数据可以为每个班级会议的进展提供指导，没有两个班级会议是完全相同的，因为不同教室的关注点是不同的，同一个教室每一年的关注点也会发生变化。由于在学生给出他们的解释前，班级会议不会提前预设数据的"真实"含义，因此，学生有时会给出出人意料的解释，并以生动有趣的方式巧妙转移班级会议的焦点。

例如，图7.6展示了市中心一间五年级教室的课间休息问题图。这种对课间休息时间的积极评价表明，这个班级的学生并不担心同伴之间的互动。只有很少的同学报告争吵，或者被取笑的问题，没有学生认为课间休息"很差"。然而，这个班的学生说，这份报告所描述的是不寻常的一天，多数时间里，他们的课间休息都充满了吵闹和争斗。最终，该班计划采取干预措施来解决他们的课间休息问题，因为这个问题比会议上提出的任何其他问题都更为紧迫。

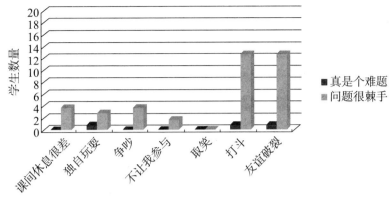

图 7.6　五年级教室课间问题描述图

采纳学生的改革建议

学生为解决复杂问题而提出的建议有时很巧妙，有时却过于简单和短视。即使这样，学生的合理建议也可以纳入班级共同制定的干预措施中。例如，某个班级正忙于处理学生之间的过度戏弄问题，一名学生坚信增加教室的"禁止戏弄"标志会有所帮助。尽管该建议不是干预的必要组成部分，但还是被纳入最终计划中，因为它不会造成任何伤害，并且可以确保学生对干预的投入。在改革计划中使用学生的一些建议可以验证他们的努力，并使他们更有可能接受最终计划。对教室的主要参与者而言，干预必须在教室系统的多个层次上都是可接受的，这样他们才能全身心地实施干预。

> 学生为解决复杂问题而提出的建议有时很巧妙，有时却过于简单和短视。

以解决方案为中心的咨询技术（Murphy，2008）可以将学生的注意力集中在干预项目上，从而使他们在已有成功的基础上继续发展。该技术提供了基本规则，当存在意见分歧干扰正常的讨论时，师生可以运用这些规则解决分歧。花时间讨论积极主动的解决方案，要比抱怨现状更有帮助。例如，对于学生来说，他们可以在课间休息时玩些新颖有趣的游戏，而不是反复抱怨不允许踢足球，这对他们更有意义。再举一个例子，该技术更有助于学生反思现有策略，以组织和简化他们的学习任务，而不是把他们的注意力集中在抱怨学习任务是多么困难上。专注于解决方案的技术也强调解决方案的多种可能性，可能不止一个学生是"正确的"，这有利于培养学生的宽容和接纳能力。使用以解决方案为中心的策略可以让学生明白，如果干预措施进展顺利，那么多做一些事情是有意义的；如果干预措施不奏效，那么就应该停止。即使微观变化不能解决整个问题，仍然是有价值的，因为星星之火，终可燎原。一旦学生注意并领悟到微观变化带来的改善，他们就能更充分地参与到干预活动中来。以解决方案为中心的协商也不鼓励使用绝对原则，因为这些原则是无效的，而且往往也不准确。例如，一个学生建议解雇一名校车司机，因为他或她"总是"很刻薄，我们很难同意这个建议。与此同时，让学生寻找绝对原则的例外是非常有效的做法。大多数学生至少在某些时候可以回忆起校车司机的"好"，而那些场合可能成为改善与校车司机关系的契机。

在某些教室里，学生可能不愿意进行头脑风暴，并且几乎不相信会发生任何真正的变化。图 7.7 显示了一群就读特许学校的八年级学生的"我的老师"班级图谱量表结果。学生之所以来到这所特许学校是因为他们在邻近学校遇到严重的学习和行为问题。老师很难管理学生的行为，也无法激发起他们对学习任务的兴趣。当展示"我的老师"图表时，大多数学生认为结果是准确的，他们表达了一个主要的担忧，即他们的教室索然无味。这引起了一场讨论：学生在低年级时，对现在布置的作业是否缺乏准备？学生们还希望更多地与合作伙伴一起学习，并希望老师给予他们更多一对一的关注。主持会议的老师的同事解释说："我问学生们他们喜欢做什么，擅长做什么，他们认为是'有趣的'事情。"

当学生们列出一系列活动时，很明显，学生们最喜欢做他们擅长的事情。学习任务——以及任务所需要的注意力、动力和目标设定——并不是他们感觉良好并喜欢做的事情。简单地帮助学生了解他们抵制"艰苦"工作的原因（因为他们觉得自己不擅长所以不喜欢它）是重要的第一步。老师愿意修改作业的完成方式（例如，如果学生能够管理好自己的行为，那么可以通

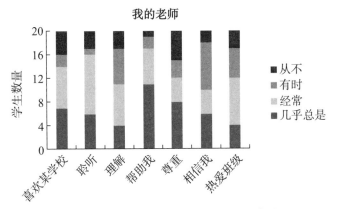

图 7.7　特许学校八年级教室班级图谱量表结果

过团队合作完成），这让学生备受鼓舞。他们也欢迎老师在开课后进行多轮授课，并为他们的学习提供更多的支持。

这个特殊的教室面临着一些特殊的挑战。本来可以最大限度地减少干扰和偏离任务的行为，但却没有得到行政部门的认可，这使得教师在改革课堂结构和纪律时束手无策。教师实践与行政指导方针之间出现冲突并不罕见——这制约了教师在促进学生行为和学习参与的教学实践方面的探索。另一个例子，以及调和这些差异的策略将在第 9 章中讨论。

在干预中让学生成为合作伙伴

学生的参与还可以简化实施教室干预的复杂任务。表 7.2 列出了学生可以做出贡献的任务。学生可以为收集教室数据、绘制及分析数据图形做出贡献，也可以在实施教室干预以及为干预任务配备人员方面发挥关键作用。例如，一个二年级的班级被临时安置在一个运动场上，而学校正在清除运动场上的石棉，运动场上使用卤素灯照明，班级无法使用投影仪来显示班级数据。两个学生便绘制了一份大的教室数据图表，以便全班同学一起讨论。

表 7.2 促使学生投入抗逆教室项目的策略

- 在抗逆班级会议上安排学生记笔记。

- 要求学生对教室测量数据进行组织、计数和绘图。

- 让学生通过互联网或图书馆进行研究，以制定全部或部分的干预措施。例如，学生可以找到休息时间在操场玩的新游戏，或制定简单的足球规则。

- 让一个学生负责收集每天的课堂数据。例如，学生可以计算每天早上上交的家庭作业文件夹的数量，或者收集同学对一项调查的每日回复（"今天课间休息时发生了多少戏弄事件？"）。

- 允许学生把抗逆教室研究项目作为他们科学展览活动的一部分：确定研究问题；选择一个度量；收集、整理和绘制数据图；对未来提出一些解释和建议。

- 指派学生撰写通讯、设计版式并将之抄送给家长，告诉他们班级的抗逆教室项目。

- 让学生负责准备材料或补给品，以便进行抗逆教室干预。

- 允许学生在针对家庭、其他学校员工或社区领导人的"公共服务公告"中宣传抗逆教室项目。

- 让学生使用干预任务单记录干预中的每一步是否发生。

为减少操场冲突，五年级的一个班级正在收集有关课间休息问题的调查数据。当学生课间休息结束回到教室，教师为下午的课做准备时，学生利用这段时间完成数据收集任务。四年级的学生调整了午餐时间足球比赛的规则，保证规则明确并由裁判员一贯执行。由于操场上没有专职裁判，这个班就安排学生担当这个角色，并准备了一个"裁判培训课程"，以确保学生能够成功履职。另一个四年级的班级建立了"问题解决"笔记，让学生在遇到冲突时使用；这些笔记最大程度地减少了成人干预的需要。上述案例表明，学生的参与都有双重好处，它不仅简化了教室干预的工作，还增强了学生的自主性和自己做决定的能力。

总　结

到目前为止，这本书强调了学生在教室生态系统中所扮演的重要角色。

本章强调了学生在理解教室需求、确定关键的变革策略和实施教室干预方面所能做出的贡献。目前还不清楚学生贡献的上限在哪里，重要的是不能低估他们的潜力。学生是一个巨大的、未被开发的教室资源，他们对课堂变革的贡献可以使更多的事情成为可能。

学生参与抗逆教室建设的个案介绍

紧接本章之后，大卫·福米（David Fourmy）和凯特·丘利（Kate Churley）的案例研究展示了学生参与教室变革努力的力量。8C班被认为是学校里最难对付的班级之一，面对这样的班级，老师一般来说会强化规章制度建设，严肃处理因违纪造成严重后果的学生。但是，让学生参与到解决方案的协作规划中，教师能够指导教室的变革，从而促进学生的自主性发展，尊重并唤醒他们的能力。这种共享决策支持的教室变革更有发展前景。

"噢，不，不是 8C 班"：
一个中学班级改变了自己的声誉

大卫·福米、凯特·丘利，伦敦卡姆登区

问　题

班主任对 8C 班的课堂观察证实了老师们的观点，这是一个问题重重的班级。这个班的学生知道学校对他们的看法。班级要求我们提供必要的教育心理学和行为支持服务，我们提出了班级图谱策略，作为提高整个班级抗逆性的一种方式。

班级谱图的结果

分析调查结果发现，学生们对自己的学习效率和自主能力评价很高，但有两个主要的领域需要重点关注：同伴关系和行为自控。

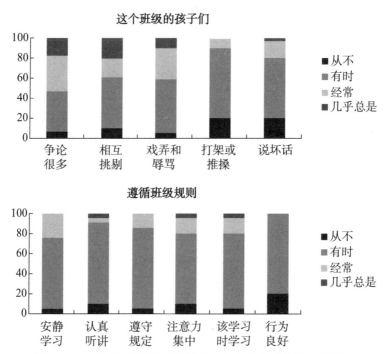

图 7.8　8C 班班级图谱量表同伴关系和行为自控的干预前结果

教师的感觉

各科教师普遍反映，语言攻击、缺乏对教师权威的尊重以及缺乏学习投入是这个班的问题所在。班级图谱的结果更清楚地显示了班级内部的优势，以及学生和工作人员需要协作解决的领域。所有的学科教师都完成了李克特10点量表，以便更清楚地了解他们在这门课上的经历、他们的关注点以及他们想要达到的目标。填写量表的过程促使老师们意识到考虑整个班级的人际关系的好处，而不是仅仅关注个别孩子的特征。他们也更加意识到自己在影响班级氛围、促进积极关系方面的作用，以及对成绩的影响。

班级会议结果

面对调查结果反映的主要问题，学生都认为事情应该有所改变。他们完成了李克特 10 点量表，以便我们更具体地了解他们目前的感受和他们希望达到的目标。

规划变革

学生们决定自己承担起研究人员的角色，并渴望改变自己的行为。他们还提出了教师可以帮助改善教室环境的方法。在辅导期间，学生要求定期召开会议来把握干预进度并得到老师的反馈。老师们同意在课堂上安排时间帮助学生解决任何正在发生的问题，让他们放下问题，重新把注意力放在学习上。指导团队提供了额外的支持，并在教室内使用了一种修复性方法来解决冲突。

结　果

学生使用班级图谱框架一起思考并承担集体责任，促使一个重大的转变很快就发生了。这表明班级图谱量表本身成为了促进变化的工具。正如一名学生所说："我希望我们有更多的时间来做这类事情。"在全班同学参加的最后一次评估会议上，学生们再次使用班级图谱量表对自己进行了评分。全班一致认为，他们在同伴关系和行为自控两个方面都取得了显著的进步，尤其是在同伴关系方面

表 7.3　李克特量表对同伴关系和行为自控的评分结果

学生在班级会议上的李克特量表评分										
这个班级的孩子们	1	2	3	4	5	6	7	8	9	10
我们现在在哪里		2			13	5				
我们想去哪里							9	9	2	
在年底的时候										
我们现在在哪里									21	1

学生在班级会议上的李克特量表评分									
遵循班级规则	1	2	3	4	5	6	7	8	9	10
我们现在在哪里				11	8	1				
我们想去哪里							4	14	1	1
在年底的时候										
我们现在在哪里							16	4	1	1

数据结果证实了学生的观点（见图7.9）：突发事件报告明显减少，教师发现在8C班教学更愉快，学生更乐于合作，更专注于他们的课程。在这个项目结束时，班主任随堂观察了一节课，她表扬了全班同学，并问他们是什么让情况有所不同，学生回应："我们一直把这些工作作为研究的一部分。"作为奖励，班级颁发证书给班级成员，以肯定他们作为研究人员的努力。在年底的郊游中，年级负责人说，全年级只有一个班级聚在一起来决定他们想做什么：8C班。

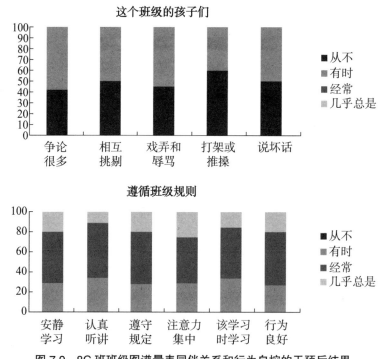

图 7.9　8C 班班级图谱量表同伴关系和行为自控的干预后结果

第8章 开发和实施有效的策略

第7章中，班级会议里学生和教师的评论、解释和建议都是制订教室变革计划的原料。这些内容使教师和班级团队详细了解了教室的优势与薄弱环节、教室变革的最重要目标以及可能导致教室出现薄弱环节的原因。在某些情况下，这些评论和建议旨在促进教室常规和教学实践发生积极的变化，改善教室人际关系，增强学生的自主权。我们之所以称其为"微观变化"，是因为它们代表了教学实践中微小但非常有益的转变，学生和他们的老师可以利用现有的教室资源立即实施这些转变。这些微观变化的想法可能来自教师自身的经验、同事的经验、专业期刊或专业发展研讨会。虽然上述许多变化并没有被任何专业团体认可为"基于证据的"，但它们是在一个抗逆教室项目中提炼出来的，积累的课堂数据将可用来评估其影响。如果微观变化成功，则可能无需实施雄心勃勃、基于证据，但需要大量资源的干预措施。在其他情况下，微观变化可能没有效果，教室对变革的需求可能是紧迫的。在这种情况下，教室团队可能会从专业信息交流中心或出版物中选择一个基于证据的干预方案。在本章中，我们提供干预策略表，无论是微观变化，还是基于证据的干预措施，干预策略表都提供了相应的干预措施、概念框架及具体的实施策略。

微观变化和基于证据的干预措施各有其优缺点。微观变化资源利用率高，易于操作，通常可以与教室的日常实践无缝衔接。因此，它们的影响可以无限期持续下去，因为一旦被常规化，它们就具有长期影响。它们通常基于学生和老师对教室独特性的理解而开发，因此很容易适应教室的个性。它们似乎是为解决特定教室问题而量身打造的。相反，就时间和金钱而言，基于证据的干预往往会耗费大量资源，可能需要重新调整课堂常规，因此需要老师和学生做出更深入、更持久的努力。尽管如此，基于证据的干预措施如果实施得当，通常会产生更大的效果，而且更能满足那些雄心勃勃、渴望彻底解决问题的班级的需要。

> 基于证据的干预措施如果实施得当，通常会产生更大的效果。

尽管教室团队中的每个人都将参与干预过程，但毋庸置疑的是，应让教师主导整个改革过程。同时，保证学生自主选择的权利，有利于全面落实干预措施，并使干预效果维持更长的时间。针对抗逆教室的每个特征，本章均提供一个策略表，其中列出了与该特征相关的微观变化和基于证据的干预措施的示例。表8.2至8.7包含每个策略表的副本。该策略表可以帮助教师在干预项目中发挥重要作用。每个表中列出的微观变化，都是激发教师头脑风暴的催化剂：它们扩展了教师对干预措施思考的视野，使他们想起了以前可能使用的、熟悉的做法，并提供了"种子"思想，教师在此基础上，根据教室特征进行改进。每张纸上列出的基于证据的干预措施会提醒团队按操作手册推进变革项目。一页纸格式的策略表便于教室团队的所有成员在讨论过程中快速浏览这些想法，以使他们在制订自己的计划时能够综合他人观点和自己的专业判断。在某些情况下，团队的计划可能需要整合两个或多个策略表，因此我们可以将每张表都复制到不同颜色的纸上，以便团队成员可以围绕黄纸的第四个想法或粉红色纸上的第二个想法进行沟通。随着时间的流逝，学校团队可能会修改和完善任何特定领域的策略表，从而不断吸纳教室中出现的新的、创造性的做法。

干预项目还需要针对个别教室的特殊情况进行调整。同样，所有重要的教室成员都应参与对项目的调整，特别是，学生在制定、选择和修改干预措施方面越投入，他们就越有可能履行教室改革项目的要求。第7章介绍了让学生充分参与抗逆教室规划过程的方法。举一个七年级教室的例子。图8.1显示了在班级会议上向学生展示的关于同伴关系的数据。表8.1是学生讨论数据的简要记录。在班级讨论快要结束时，学生们开始制定一些策略，这些策略可以帮助他们在教室里感到更有力量，同时也更乐于接纳彼此。最终，学生通过参与更加深度地投入到教室变革中。

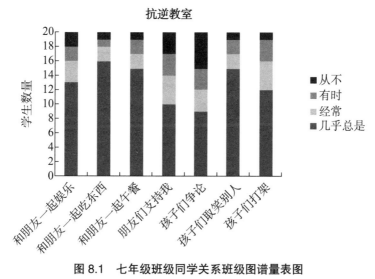

图 8.1　七年级班级同学关系班级图谱量表图

　　在选择基于证据的干预措施时，应考虑其实证支持。如果有客观的研究数据表明干预措施已在类似的教室中起作用，那么干预措施很可能会对教室产生重要影响。选择干预措施时，应考虑它们是否适合教室的特定属性。可以改变干预效果的关键属性包括社区的人口统计信息、教室可用的资源和人员以及老师的哲学取向和教学技能等。由于这些原因，一个在得梅因被证明非常成功的反欺凌项目可能并不适合洛杉矶的班级。如果不考虑教室的独特需求，即使是基于证据的全面项目也可能不适用于特定教室。但是，在调整干预措施时，从业人员必须考虑尽管进行了修改，但该计划仍能产生积极结果的可能性。在某些情况下，与其固守基于证据的干预项目的完整流程，反而不如整合不同的干预策略更合理。

　　在过去的 20 年里，教育工作者和研究人员已经清楚地阐明了干预措施是否有效的标准。当干预措施在至少两项精心设计的小组研究或一系列精心实施的小样本研究中得到验证时，干预措施就是基于证据的。在这些研究中，参与者被随机分配到实验组和对照组，结果表明，干预措施带来了改善，并且改善是由干预措施引起的。当干预措施的效果至少与竞争性干预措施的效果一样强，且研究由一般研究人员而非干预措施的开发者组织实施时，干预措施最具说服力。

表 8.1　关于社会计量数据的班级讨论

问：你在这幅图表中注意到了什么？它准确吗？

答：是的，这是准确的。这个班上有很多孩子有朋友陪伴，但很多孩子却说班上有学生打人——也许他们就是那些被其他孩子摆布的孩子。

问：你对此有何看法？

答：这不行，因为这使该教室不再是一个好地方……因为通常如果你被打中，即使是其他孩子在玩耍，你最终也会打回去。孩子们终日争吵，并蔓延到其他课堂。

问：你觉得为什么会有这么多争论？

答：因为我们都不同。人们嘲笑其他孩子，因为他们与众不同，有时候这很有趣。是的，但是有时候，当孩子完成工作时，他们会打扰那些还在工作的孩子。有些孩子甚至不做他们的工作，他们打扰很多孩子！

问：怎么发生的？

答：如果任务超出了你的能力水平，你很容易就失去注意力，然后你就开始打扰其他孩子。工作超前的教师应该在教室四处走走，引导孩子们保持注意力，并为需要帮助的孩子提供支持。

问：如果你希望在本堂课中减少争论，请举手。

（大多数学生举手。）

问：那怎么可能？

答：我们应该学习如何更多地接受他人。这必须顾及个人感受，在不伤害孩子的情况下消弭争端。我们只是需要在真正遵守规则之前学会尊重规则。

问：什么会使孩子们更加遵守规则？

答：它们不是我们的规则——我们没有制定规则。

问：如果这样做了怎么办？

答：遵循这些规则会更容易。我们永远不会制定规则，我们只是孩子。

问：您是说，如果我们让孩子们帮助制定班级规则，如果我们确保能够提供符合孩子们认知水平的任务，并且能帮助孩子们找到接纳其他不同孩子的方式，那么争吵、戏弄和打架将会减少？

（大多数孩子都同意。）

问：我们应该首先做什么？

答：我们可以在课堂上制定一些不同的规则。

问：什么样的不同规则？

答：完成作业的孩子应该帮助其他孩子。我的意思是指真正的帮助，而不是取笑他们。然后老师可以给孩子很好的反馈，让他们带回家。我们也应该有一个接纳其他孩子的规则，如果这堂课有意思又有趣，我们就不会那么麻烦了。每个人都应该吃早餐！并关闭空调——太吵了！

使用此定义或类似定义作为标准，有几个国家的网站梳理了相关干预研究并列出符合这些标准的干预措施。其中最典型的有：

- 美国教育部有效信息交换中心（U.S. Department of Education's What Works Clearinghouse）。
- 暴力研究和预防中心（Center for the Study and Prevention of Violence）。
- 美国青少年司法和犯罪预防办公室示范项目指南（Model Program Guide of the U.S. Office of Juvenile Justice and Delinquency Prevention）。

接下来是一些微观变化和基于证据的干预措施的案例，这些案例可用于增强教室的抗逆力。尽管这些案例都从属于六个特征之一，但许多案例有可能同时影响多个特征。这是因为，如第 3 章和第 4 章所述，抗逆教室的特征紧密相关，并且一个领域的有效性通常与另一领域的有效性相关或由另一领域的有效性引起。

在任何情况下，对这些干预措施成功与否的评估都应纳入干预计划中。即使是具有强大的实证支持的干预措施，在特定教室的特定情况下也可能不会显示出相同的结果。对于可能没有太多实证数据支持的微观变化而言，评估将更加重要。嵌入这些评估的目的是验证抗逆教室的特征是否已得到充分增强或是否需要其他干预措施。第 5 章和第 9 章为计划和实施这些评估提供了进一步的指导。

师生关系

加强师生关系的干预措施，应遵循相互尊重和享受教学这两个原则。这有点违反直觉。更有意义的是，从教师和学生之间精心设计的亲社会交流中建立起牢固的关系。早期的教学手册有时会采用特定的脚本来与儿童交谈，从而只使用肯定的词语，一直称赞儿童并促使他们感觉良好。但是，人际关系从根本上说比这些脚本所暗示的要真实。当双方都认为互动是值得信赖的、真实的和相互关心的时候，就算是尴尬和稚嫩的交流也可能会引起感动。当这些互动反映了学生的雄心壮志时，就会传达出尊重；当学生和老师一起玩得开心时，互动就会带来快乐。第3章对师生关系支持学生成功的机制进行了全面描述。

师生关系的微观变化

表8.2列出的微观变化强调了教师与学生一起营造相互尊重、享受教学的氛围。当然，大多数教师的直接反对意见是，学校生活非常繁忙，课程表缺乏足够的灵活性来安排这些时间。

表 8.2　改善师生关系的策略 [①]

微观变化常规和实践的例子
● 当老师及其他成年人与学生交流时，安排一些简短的时刻，分享学生的成功和奋斗，并表现出兴趣和尊重。 ● 上课前热情问候学生，快速展望未来的一天，提醒他们可以做些什么事情使这一天更加成功。 ● 在简短的对话中，积极倾听学生——对学生所说的内容进行反馈，表现出你真的在听。 ● 定期召开班级会议以做出决定，为课堂变革做准备，并收集学生对挑战的看法。 ● 和学生一起玩游戏——学习游戏、操场游戏、等待游戏——给教学注入更多的乐趣。 ● 赞美学生的长处和兴趣。关注他们的成功，向他们解释为什么可能会再次成功，并提醒他们在过去一周或一个月内完成了多少工作。 ● 增加教学中的幽默感——讲笑话、介绍邮报漫画、读有趣的故事。每天都讲一个"糟糕的笑话"。 ● 当事情变得紧张时，给学生一个冷静下来的机会，一旦他们有了控制感，就可以重新开始工作。 ● 对学生抱有很高的期望，并确保他们知道你是这样做的。

---

① 由贝斯·多尔、凯瑟琳·布雷姆和史蒂文·朱克（2014）提供，版权归吉尔福德出版社所有，复印许可仅限本书的购买者个人使用（详见版权页）。

基于证据的干预措施
● 在学校里为有困难的学生专门安排一名成年人，定期与他们见面并给予他们特别关注。 ● 学生、教师和关系支持项目（STARS；Pianta & Hamre，2001）。这是为数不多的师生关系项目之一。它描述了一个系统的过程，在这个过程中，教师通过安排每天的积极互动，然后掌握有效的管理策略，以此来加强他们与学生的关系。有证据表明，该项目加强了教师与学生的关系，减少了纪律问题，增强了学生对学校的归属感。

一个初入职的教师解释道，除非我定期与我的学生沟通，否则我没有时间去处理所有令学生受干扰和分心的事情。带给学生快乐和关心并不一定需要打断正在进行的教学工作。在酷热的一天，学生正在忙于学习，一位老师向他们的头顶上喷洒薄荷水。当学生在食堂排队等候时，一位老师与学生一起玩文字游戏。一位老师每个月都会在课间休息时和学生们一起到户外去，教他们玩新的游戏。尽管师生对话的脚本是次要的，但仔细思考教师与学生之间使用的语言仍然是有用的。法伯尔和马兹利什（Faber & Mazlish，1995）描述了一种师生对话的积极倾听方法。教室小组可以参考这一方法来规划新的互动方式，以促进更顺畅的师生对话。

基于证据的师生关系干预措施

基于证据的加强师生关系的策略很少。一个例外是皮纳塔（Pianta）和哈姆雷（Hamre，2001）的"学生、教师和关系支持项目"（STARS），它描述了一个系统的、经过数据测试的程序，用以指导教师加强与学生的关系。STARS 的一个引人注目的组成部分是它的"储蓄时间"干预，即教师每天花 5~15 分钟与特定学生一起做一些他们选择的活动。这段积极的时间创造了一种善意的情感储蓄，使师生关系日后能够承受冲突而不至于恶化。虽然"储蓄时间"被设计成一种二元的干预措施，但经过调整修改，它可以在全班范围内实施。一位教师创建了一个个人时刻板，让每个学生每周选择一个时间"被倾听"并得到一些私人关注。这是储蓄时间的一个变体，教室内所有学生都可以使用。

同伴关系

为了培养一个充满关爱和积极参与的学生群体，干预措施需要对同学友谊、同伴冲突和同伴攻击给予密切关注。干预的基础是友谊。当学生有朋友一起聊天、一起吃饭、一起出去玩时，他们会对同伴群体更感兴趣。不可避免地，这些友谊会伴有一些冲突，但只要争端得到解决，并且不过分地阻碍友谊的发展，它们就不会损害班级的同伴群体。然而，有一种特殊的冲突非常麻烦：同伴侵犯，即一个学生故意伤害另一个学生。表8.3中描述的微观变化可以处理这三种关系中的任何一种或全部。第3章对同伴关系的这些方面内容以及同伴关系支持学生成功的机制进行了全面描述。

表 8.3　促进同伴关系的策略 [1]

微观变化常规和实践的例子
同伴友谊 ● 找几个任务让学生和一个同学一起完成，偶尔把他们分配给意想不到的伙伴。任务可以是课堂杂务、教学任务等。 ● 教学生玩非竞争性的游戏，这种游戏富有吸引力，但无关成败。 ● 在操场上增加更多有吸引力的游戏，特别关注那些运动能力有限的学生也可以玩的游戏、适合小团体和大团体的游戏，以及非常消耗体力或非常安静的游戏。 ● 举办"游戏诊所"，在课间教授一种新游戏——从一小群人开始，其中包括一些孤僻的学生。一旦比赛开始，任何人都可以加入。

---

[1] 由贝斯·多尔、凯瑟琳·布雷姆和史蒂文·朱克（2014）提供，版权归吉尔福德出版社所有，复印许可仅限本书的购买者个人使用（详见版权页）。

微观变化常规和实践的例子

同伴冲突

- 通过班级会议解决经常性的、可预见的争论。
- 让争论的学生一起完成一份"冲突任务单"，讨论所发生的事情以及如何解决。
- 重新布置操场上的游戏，保证学生不会撞到一起。
- 为学生经常争论的常见操场游戏（足球、篮球、四方游戏）撰写简单的规则。
- 制定每周选择一次团队的常规程序（平衡团队技能），并在下周之前使用这些相同的团队。
- 增加更多的操场监督员或调整他们的位置。
- 改变操场监督员的工作方式：让他们在操场上积极走动，提示学生玩耍并解决冲突。
- 缩短课间休息时间。
- 举办一个"课间工作坊"，让所有学生一起参观操场，同时复习日常活动规则、设备的正确使用方法、进出程序、一起游戏的策略，以及有问题时监督员采取的措施。每年增加一个加强研讨会。
- 为一个月内累积超过三次"缺课"的学生举办"课间休息课程"。在学校里，学生应该多练习正确的游戏方式或使用休息设备，重新学习常规要求和规则。
- 邀请一位当地杰出的运动员到学校来谈谈良好的体育精神。

侵略性冲突和欺凌

- 让学生在操场地图上标出欺凌发生的地方，并对这些地方进行额外的监督。
- 鼓励被欺负的学生在监督员附近玩耍。
- 召开班级会议，以增强学生的同情心，让他们观察欺凌行为，并为制止欺凌行为做好准备。
- 与操场上所有的监督员一起讨论解决冲突的方法。
- 通过视频或大声朗读书籍（例如《通向特拉比西亚的桥》），促使学生在课堂上讨论被欺凌的感觉，以此让学生对欺凌行为更加敏感。

基于证据的干预措施

有几个反欺凌项目已经被证明可以降低校园欺凌的发生率。例子包括：
- 预防欺凌项目（Olweus，Limber，& Mihalic，1999）。该项目提醒教师、学生和家长注意各种各样的和不易觉察的欺凌形式，并准备迅速和果断地做出反应以阻止这种行为。

基于证据的干预措施

欺凌克星。教师手册（Newman，Horne，& Bartolomucci，2000）为教师提供干预策略，通过班级会议和活动减少欺凌，防止未来可能发生的欺凌事件。

儿童额外测试委员会项目（Frey，Hirschstein，& Guzzo，2000）。这一项目旨在教会学生预防暴力的社会和情感技能。

● 促进替代性思维策略项目（PATHS；Greenberg，Kusche，& Mihalic，1998）。有证据表明，这一班级范围的项目加强了学前和小学儿童的社会能力。该项目包括每周三次的 20 分钟课程，内容涉及情感素养、自我控制、社交能力和人际问题解决技巧。

● 强健儿童项目（Merrell，Gueldner，& Tran，2008）。本项目为教师提供 10~12.5 小时的课程，内容涉及与社交情绪学习相关的各种主题。该项目的一个组成部分是解决学生之间的同伴互动能力。强健儿童课程的版本可用于学前、小学早期、小学晚期和初中年级。有证据表明，学生的社交及情绪能力有微小但明显的改善。

● 我可以解决问题项目（Shure，1997）。这是最早的社会学习项目之一。一直以来，参与项目的儿童亲社会行为显著增加，社会冲动明显减少。这是一个为期一年的课程，教学生思考他们遇到的社会问题，考虑替代的解决方案，仔细考虑其他学生和自己的感受，并把这些转化为有效的社会行为能力。

同伴关系的微观变化

同伴友谊。老师们竭尽全力找到一种教室策略，帮助那些缺少朋友的学生建立友谊。不可避免地，成年人会试图劝说自我孤立的学生在课间找同学一起玩，或者他们会促使一个有同理心的学生把一个孤立的同学带到他们的游戏中。尽管如此，同伴友谊背后的主要原则还是很简单的。像老师与学生的关系一样，当他们在一起玩得开心时，学生与同学之间的友谊也会得到加强。表 8.3 中描述的促进友谊的微观变化为学生提供了多种多样的机会，让他们可以与不同的学生一起在课堂上完成各种有趣的任务。课堂上的琐碎小事特别有效，因为它们简短且无威胁，并且学生可能会发现他们很乐于与不那么熟悉的同学分享几句话。

同伴冲突。许多教师把时间和精力都花在了阻止冲突上（通过执行带有后果的规则），也花在了防止冲突上。然而，现实情况是，人际冲突无处不在，各个年龄段的人在分享资源、维护需求和自我保护时都不可避免地会发生冲突。成年人的工作环境也存在"勾心斗角"的情况。因此，尽管同伴冲突的频率可以降低，但它们永远不会完全消失。

同伴侵害。当一个学生故意采取行动伤害另一个学生时，成年人需要干预以保护弱势学生，阻止随后的侵害，并确保学生掌握更好的策略，以应对未来冲突。表8.3中的某些微观变化通过限制教室中同伴攻击的数量、位置、类型等来降低同伴攻击的频率。然后，可能需要通过其他微观变化或基于证据的干预，以教授学生将来有效应对同伴攻击所需的社交和情感能力。

班级会议具有巨大的潜力，可以改变教室中同伴友谊、同伴冲突和同伴侵害三个主要方面，同时促进学生之间的亲社会同伴关系（Developmental Studies Center，1996；Murphy，2002）。班级会议还为阅读疗法提供了有利的条件，可以帮助学生解决教室问题。贝斯·多尔和卡罗尔·多尔（Beth Doll & Carol Doll，1997）提供了有关儿童心理健康需求的实用的文献概述，以及教师和班级团队可以纳入课堂阅读、休闲阅读或其他内容领域的指导书目。特别是，当学生们在讨论友谊问题和欺凌行为时，儿童读物可以提供帮助。

基于证据的同伴关系干预措施

有许多基于证据的干预措施可以促进教室中同伴之间的积极关系，这说明对一个班级的同伴氛围进行管理是相当重要的。尽管如此，大多数干预措施的目标是防止欺凌和相关形式的侵害。其中最古老的一项是"预防欺凌项目"，该项目提醒教师、学生和父母注意各种形式的不易察觉的欺凌行为，并做好迅速、果断的应对措施，以阻止这种行为。研究和预防暴力中心已将其确定为"蓝图模型项目"。其他防止欺凌的项目包括"欺凌克星"和"预防学校欺凌"（Garrity，Jens，Porter，Sager，& Short–Camilli，1997）。

一些基于证据的项目着重于提升学生的整体社会能力。伊莱亚斯等人

（Elias et al，1997）在他们的《促进社会和情感学习》一书中描述了各种基于学校的干预措施，旨在提高学生的社交和学术能力，改善同伴和成人人际关系的质量。社交和情感学习策略融入学校课程，可以增强学生对学校的归属感，提高学校毕业率，促进学生对学习的接受性和学业成绩上的成功（Blum，McNeely，& Rinehart，2002；Osterman，2000；Wilson，Gottfredson，& Najaka，2001）。"儿童额外测试委员会项目"就是一个基于证据的社交和情感学习项目的例子。该项目旨在增强学生的同理心、情绪调节能力和解决社会问题的能力。美国教育部、药物滥用和心理健康服务管理局以及少年司法和预防犯罪办公室已将其确定为示范项目。同样引人注目的是格林伯格、库什和米哈利奇的"促进替代性思维策略项目"，该项目教给孩子们情感素养、自我控制、社交能力和人际关系等解决问题的技能。暴力研究与预防中心已将其指定为"蓝图模型计划"。

学校心理健康专家经常使用社交技能培训项目来改善学生的同伴关系质量。尽管有证据表明存在同伴问题的儿童可以从这种培训中受益（Bullis，Walker，& Sprague，2001），但元分析研究表明，社交技能培训项目的效果尚未达到显著水平（Luellen，2003）。格雷沙姆、菅井和霍纳（Gresham，Sugai，& Horner，2001）对社交技能研究的综述也显示，其效果总体上较弱。奎因、卡瓦莱、马图尔和福内斯（Quinn，Kavale，Mathur，& Forness，1999）以及马图尔、卡瓦莱、奎因、福内斯和卢瑟福（Mathur，Kavale，Quinn，Forness，& Ruther，1998）的元分析也报告了令人失望的结果。随后，研究人员认为将社交技能推广到实际的教室环境中才是难题，当下，一些研究者并未因噎废食，而是进一步研究自然状态下社交技能教学的影响（Corkum，Corbin，& Pike，2010；DuPaul & Weyandt，2006）。

家校关系

越来越多的证据表明，家校关系可以有效预测学生最终的学业成功，在这种情况下，学校越来越重视家校关系（NRC / IOM，2004）。在过去的十年中，研究和实践的进步使人们对有效关系的特征有了更清晰的认识（Christenson，2004；Hoover-Dempsey et al.，2005）。最重要的是，有效的家校合作关系需要家庭与学校认识到双方都在为学生的成功做出重要贡献，并形成相互尊重的伙伴关系。当学校与家庭之间的社会阶层、物理距离或口头语言之间存在较大差距时，建立伙伴关系将变得非常困难。要克服这些限制，就需要进行高质量的交流，在这种交流中，家长必须了解学校的课程以及学生的学习和行为状况，而学校则需要了解家庭的优势和家庭为学生制定的目标。有关家校关系支持学生成功的机制的全面描述，请参见第 3 章。

表 8.4　促进家校关系的策略 [1]

微观变化常规和实践的例子
● 定期向家庭发送信息——让学生在课堂网页上写笔记、简报或文章并配图。 ● 让学生写信或打电话给他们的家人庆祝自己的成功，或者拍一张班级庆祝活动的照片寄给家人。 ● 每隔一段时间安排一些活动，其中一部分可以在学校完成，而另一部分可以在家里和家人一起完成。 ● 定期举行一小时的"公开课"，家长可以进来讨论他们和孩子关心的话题。 ● 将教学演示或活动录下来，让学生带回家给家人看。 ● 准备一个装着书、与书有关的物体或图片的书包，以及一个日记本。学生将和他们的家人一起读这本书，谈论这件物品，家人会在日记本上写一个便条，把书包送回课堂。 ● 建立一个课堂网站，家长们可以在上面了解学生们都学了些什么，老师布置了些什么作业。为了简化网站的维护，让学生们帮忙维护并保持更新。 ● 联合行为咨询（CBC；Sheridan，1997）。这是一种独特的系统性咨询形式，在这种形式中，教师和家长与行为顾问会面，为学生的学习或行为问题设计解决方案。干预措施使用系统的、基于数据的问题解决程序，需要足够的会议时间。但是，时间花得很充实。结果表明，学生的行为问题得到了显著改善，家庭与学校之间的交流也明显增强。

[1] 由贝斯·多尔、凯瑟琳·布雷姆和史蒂文·朱克（2014）提供，版权归吉尔福德出版社所有，复印许可仅限本书的购买者个人使用（详见版权页）。

基于证据的干预措施
● 联系家庭与教师利益项目（LIFT；Eddy，Reid & Fetrow，2000）。事实证明，这种预防性干预措施可有效减少犯罪率高的社区儿童的行为问题和滥用毒品的发生率。实施该项目，教师要学习更有效的课堂管理策略，学生在教室里学习促进积极行为的课程，而家长在家里配合学校使用类似的纪律策略。 ● 西雅图社会发展项目（Hawkinset al.，1992）。教师在积极的教室管理和合作学习中学习策略的同时，也为家长提供管理培训。从一年级到六年级，每个年级都有不同形式的培训。有证据表明，在整个学年中实施这一项目可以减少青少年犯罪，加强儿童对家庭和学校的亲社会归属感。

家校关系的微观变化

大多数促进家校伙伴关系的微观变化通常是邀请家长参与课堂活动；创造以学生为中心的活动，吸引家长的兴趣，提供赞美孩子的机会；以及解决工作计划的冲突、低收入、交通限制或语言差异等家庭制约因素。最有希望强化家校关系的微观变化往往是从零开始精心设计的。例如，在第 3 章中，我们描述了一位老师，他制作了一盘录像带，拍摄了和学生一起做家庭作业的情景，然后让学生将录像带送回家给父母观看，录像带的互动使父母很容易理解"帮助孩子做家庭作业"的样子。同样，城市中学的学生组织了一个艺术展，描绘了他们对社区的看法。这两个项目都促进了很多家庭与学校之间的对话，并且由于学生完成了大部分工作，因此这些活动不会无端干扰教师的日常工作。同样，学生可以在家里写信和寄信，创建班级通讯或在班级网站上发布公告。我们曾与一些老师合作，他们让学生去采访他们的父母，了解他们从孩提时代起在学校里所看到的变化。还有的老师要求学生每周向父母请教，让家长向"来自家庭的建议"信箱投稿。学生可以邀请其祖父母或父母参加教室活动，教授他们各种才能，例如烹饪、天文学、木工、法律或社区历史等。在任何情况下，这些微观变化都会邀请家长参与学校中以学生为中心的活动，由于他们自己的孩子在活动中扮演"明星"的角色，因此这些活动对家庭具有天然的吸引力。

基于证据的家校关系干预措施

在谢里丹和克拉托赫维尔（Sheridam & Kratochwill，2008）的"联合行为咨询"模型中，可以找到一种基于证据的、能够促进有效家校合作的策略。联合行为咨询模型提供了具体的指导方针，以促使父母、教师和学校心理学家共同努力，制订和实施针对学生的行为或学习计划（Sheridan，Eagle，Cowan & Mickelson，2001）。虽然联合行为咨询模型重点关注单个学生遇到的问题，但经过调整后，该模型可以用来探索针对整个教室问题的解决方案。联合行为咨询模型具有解决问题的协作性质，可以为建设性、目标导向、面向解决方案的家庭—学校合作伙伴关系提供一种媒介。第二个基于证据的创新项目是"联系家庭与教师利益项目"，该项目在孩子的学校举行六次会议，为家长提供有效的纪律教育，同时向教师传授更有效的课堂管理策略。"联系家庭与教师利益项目"已被暴力研究与预防中心确定为"蓝图模型计划"项目。

学习效能

简单地说，有两件事干扰了学生对学业成功的期望：首先，面对巨大的学习负担，他们不知所措，似乎成功完成这些任务完全超出了他们自己的能力范围。不幸的是，州和国家标准对标准评估表现的要求可能看起来过于雄心勃勃，这一现状常常使学生（有时甚至是他们的老师）认为他们的失败是不可避免的；其次，成功即使发生了，似乎也带有很大的偶然性。布罗菲（Brophy，2004）称这些是"天上掉下来"的，并解释说这种信念不可避免地导致学生对失败的期望。

幸运的是，要让学生相信自己有追求卓越的潜力，只需要扭转这两种看法：向学生们展示，通过一系列较小的、可操作的步骤，可以达到超乎想象的期望，并向学生证明，他们可以一次成功地做到这些步骤。表8.5中描述的大多数微观变化和干预都利用了这类成功经验，其中一些还利用了班杜拉（Bandura，1993，1997）所描述的另外两个促进自我效能的原则。效能信念可以通过观察其他学生在类似的任务中取得成功来间接地形成，也可以通过说服来得到激发，在说服过程中，老师或其他学生需要表达自己对这名学生取得成功的信心。运用言语说服方式可能需要重塑课堂上的话语，以便学生注意到彼此的成功表现。对学习效能支持学生成功的各种机制的全面描述，可参见第4章。

> 通过观察其他学生在类似的任务中取得成功，可以间接地形成效能信念。

表 8.5 促进学习效能的策略 [①]

微观变化常规和实践的例子
● 每天多次对学生进行"强烈表扬"：第一句话描述学生所做的事，第二句话说明它为什么重要，第三句话表达你有多欣赏它。 ● 教导学生使用"强烈的赞美"。首先给学生一些小的代币或筹码来奖励他们出色的工作；然后让学生们承担起责任，当发现同学们表现出色时，奖励他们纪念品。确保代币奖励的是努力、勤奋、认真工作和帮助——而不仅仅是成功。编写一些单词，让同学们在分发纪念品时互相交流。 ● 向学生提供及时、准确和具体的反馈，让他们了解在学习任务中的成功之处。 ● 教一个"本周策略"，学生可以用它来完成功课。给每种策略起个名字，做个模型，让学生们在简单的任务上练习三到四次，然后鼓励他们每天使用这种策略几次。在一周结束时，把这个策略添加到教室的"学习技巧手册"中，并定期回顾之前的策略。 ● 使用"任务阶梯"来教授不熟悉的任务，首先讨论一个已完成任务的模型；其次给两个或三个学生分配一个任务，让他们一起完成，然后检查一个核心要素；接下来布置一项任务，让学生独立完成，并核对一个核心要素；最后给学生布置一个任务，让他们独立完成并上交。

[①] 由贝斯·多尔，凯瑟琳·布雷姆和史蒂文·朱克（2014）提供，版权归吉尔福德出版社所有，复印许可仅限本书的购买者个人使用（详见版权页）。

微观变化常规和实践的例子

- 指导学生按部就班地规划工作量大的作业：将作业分成六或八个步骤，一次完成一个步骤，回顾和检查整个作业，并在完成作业的过程中跟踪他们的进度。每一步完成后都要让学生"赞扬一下他们自己"。
- 确定对学生进行额外辅导的时间和地点：20 分钟的午餐时间开放参观，从课堂中挤出一点时间"补习"，或者放学后花半小时"思考"。赶上进度的学生可以利用这段时间帮助同学，获得额外的学分。
- 任何同学或其他人对学生的羞辱、取笑或哄骗，要给予果断有力的回应。

基于证据的干预措施

基于证据的改善学习效能的干预措施，通常将效能单位纳入更大的多单位项目，以加强其整体自主性和社会能力。

- 积极行动项目（PA；Flay，Allred，& Ordway，2001）。这是一个以健康为导向的项目，指导从幼儿园到十二年级的学生进行自我评估，设定自我提高的目标。有些单元培养学生的效能感。在每个年级，都有针对风险较大的学生开发的固定教学单元和针对学校心理健康专业人员的干预措施手册。有证据表明，这个项目加强了学生的社会情感技能。
- 独特思维学校项目（Linares et al.，2005；Stern，1999）。本项目为幼儿园至五年级学生提供提升自我效能、解决问题及控制社交情绪功能的课程。
- 强健儿童项目。本项目为教师提供 10~12.5 小时的课程，内容涉及与社交情绪学习相关的各种主题。作为加强社交情绪能力这一更广泛的目标的一部分，该项目包括几个单元，旨在让学生对自己的优势和成功有清晰的认识。强健儿童项目的版本适用于学前、小学早期、小学晚期和初中年级。社会情绪能力改善的效果虽然有限，但意义重大，而且该项目比许多基于治疗的干预措施更容易实施。

学习效能的微观变化

表 8.5 中列出的微观变化将这些简单的策略融入到了教室的每日常规中。大的步骤被分解为一系列较小的步骤，当学生朝着这些小的步骤努力时，他们的注意力被吸引到无数小的成功上。对学生的成功，教师和学生一起组织小规模的庆祝，有助于提升班级中所有学生的共同效能。即使在典型的教室评分政策和基于标准的评估的约束下，教师也可以利用大量的日常实践来提

高学生的学业成绩（Brophy，2004）。这些措施包括教学和认真监控学生的理解，即使这意味着放慢教学进度。运用较少的典型材料，精讲精练，既可促进学生更深层次的理解，也有助于提高教学效率，这是一个扎实的教学策略。当教学常规向学生提供快速、准确和详细的反馈以增强他们对自己的学习的控制时，他们的学习效率就会得到提高。当教学强调学生的努力和个人理解并避免与其他学生进行比较时，将增强学习效能。

基于证据的学习效能干预措施

尽管对学术效能的性质及其与学生的学业成绩之间的密切关系的研究非常丰富，但基于证据的学习效能干预措施相对较少。那些有效的方法通常将效能提升策略嵌入到更广泛的社交和情感学习课程中。因此，"积极行动项目"的基本单位是关于自我概念、为身心积极行动的单位。积极行动的原则是，对自己感觉良好的学生也将以积极的方式行动和互动。积极行动的一个优点是，它是为教师、学校心理健康提供者、家庭和社区成员提供的。评估显示，学生的学术成就和学校毕业率得到了提高，因违纪而被转到校长室处理的学生减少了（Flay & Allred，2003；Li et al.，2011）。该项目已被列入美国教育部的有效信息交换中心。

另一个例子是"强健儿童项目"，其中的"清晰思维"单元强调了反驳消极思维模式和积极思维的力量。强健儿童项目的一个优势是，教室里的教师做好准备，便可以用最少的培训来组织实施。初步证据表明，这些课程对学生的社交能力和情感能力的提高虽小，但效果显著（Tran & Merrell，2010）。

自主学习

随着年级升高，学生面对的学习责任不断增加，自主学习干预的初衷是帮助学生承担这些责任。最终，自主的学生将精通目标设定和学习决策的各个方面：设定学习和发展的目标；监控自己实现这些目标的进度；了解可以用来克服挑战的多种策略，选择最佳策略并根据需要修改计划，以确保走向成功。学生的自主能力与他们的学业成绩密切相关，自主性强的学生表现出更强的学习自信心，更有可能积极尝试；积极管理学习的学生会意识到努力并重视学习策略更有可能带来成功。因此，许多干预策略可以同时解决学习自主和学习效能问题。第 4 章对自主学习支持学生成功的机制进行了全面描述。

自主学习的微观变化

针对教学实践的认知研究，对促进自主学习的微观变化进行了描述（参见表 8.6）。这些微观变化中，大多数都将学生导向的问题解决和决策支持整合到教室的日常实践中。在早期的经典案例中，结合教师的在职培训计划和实用的社交及情感学习策略，伊莱亚斯和托拜厄斯（Elias & Tobias，1996）将相同的八个问题解决步骤融入到教学（数学、语言艺术、社会研究）和学校纪律程序（学术组织、冲突管理）中。他们协调一致，在全校范围内取得了令人印象深刻的进展，使学生能够把注意力集中在决策的内容上，而不再把重心放在解决问题的步骤上。

表 8.6　促进自主学习的策略 ^①

微观变化常规和实践的例子

- 在设定目标、做决定、解决问题以及自我评估技能和行为方面，组织学生多练习并给予及时反馈和直接指导。
- 让学生针对一项任务设定一个目标，至少计划做一件事来练习设定目标。然后，每天或每周"签到"一次，让学生记录自己的进步，将进步记录在图表上，决定如何改变计划，并庆祝自己的成功。教室的一面墙壁可以用来张贴一个班级图表，展示学生们离实现目标的距离。
- 教学生使用"阶梯"来完成具有挑战性的目标。在一张纸上画 5~9 个步骤。把学生的目标写在最上面的步骤上，在最下面的步骤上，写下他或她现在正在做什么，然后填写中间的步骤。学生应该做一个日历，记录他们每天的进度，为下一步设定目标，每天做一件事来帮助他们前进一步。
- 让学生经常做出不同的选择：坐在哪里，两个可选的作业做哪个，或者读哪本书。
- 在课堂上模仿掌握的自我对话："我需要完成这份报告，但画图表不是我的强项。我想先把它画出来，再决定它是否有意义。然后我将开始在电子表格中输入数据。我会告诉卢瑟夫人我正在处理这件事，看看如果我遇到困难是否能向她求助。如果一步一步来，我可以做得很好。"
- 给学生一份目标清单，让他们自己评估自己的目标：好的目标是明确的（别人能理解）；很容易看出是否见过；可以在两周内完成。（根据学生的年龄和发展改变上课时间）它们是很重要的，是你有能力完成的东西。

基于证据的干预措施

- 促进替代性思维策略项目。有证据表明，这一班级范围的项目加强了学前和小学儿童的自主能力。该项目包括每周三次的 20 分钟课程，内容涉及自我控制和解决人际问题的技巧。
- 强健儿童项目。强健儿童项目设计了半小时的课程，涉及社会情绪学习的各种主题。其中一些课程教授目标设定、决策和学习自主。强健儿童课程的版本可用于学前、小学早期、小学晚期和初中年级。有证据表明，学生的社交情绪能力有微小但明显的改善。
- 积极行动项目。这是一个以健康为导向的项目，指导从幼儿园到十二年级的学生进行自我评估，设定自我提高的目标。有些单元培养学生的效能感。在每个年级，都有针对风险较大的学生开发的固定教学单元和针对学校心理健康专业人员的干预措施手册。有证据表明，这个项目加强了学生的社会情感技能。

---

① 由贝斯·多尔，凯瑟琳·布雷姆和史蒂文·朱克（2014）提供，版权归吉尔福德出版社所有，复印许可仅限本书的购买者个人使用（详见版权页）。

在学校范围内保持协调一致并非总是可行，但在班级范围内保持协调一致通常是可行的。要将自主性培养融入学科课程，首先要为学生的学习策略建模，然后通过指导和脚手架帮助他们掌握策略（Randi & Corno，2000）。例如，中学人文课程的老师为学生提供了关于自我调节策略的明确指导，然后给学生分配任务，要求

> 自主学习教学可以融入任何学科课程中。

他们从课堂上读到的故事中寻找这些策略（Deno，2002；Deno，Fuchs，Marston，& Shin，2001）。学生在论文中将故事人物的自我管理策略与自己为达成目标而付出的努力进行了比较。在另一项研究中，学生分析了对学习时间安排、学习效率的自我监控记录，比较了它们与学业成功的关系（Zimmerman，Bonner & Kovach，1996）。然后，学生评估了他们的策略和效能感对随后的测试表现的影响。保存的系统记录使学生更加了解他们如何通过自己的信念和所作所为影响最终的成功。

高中生和大学生制定了一个书面目标（我将尽我所能解决数学难题），还规定了他们在何时、何地以及如何为达成目标采取行动（Bayer & Gollwitzer，2007）。一些学生还添加了一条旨在增强自我效能感的声明（如果我提出了一个新问题，那么我会告诉自己："我可以解决它"）。陈述目标和效能感使学生可以举一反三，在广泛的学习情境中思考自己的目的。让学生陈述自我效能感，尤其有助于提高他们成功的可能性。尽管起初有点做作，但这些脚本最终促使学生习惯性地关注学习内容、学习方式、学习的重要性以及可能取得的成功。

基于证据的自主学习干预措施

尽管分析课堂实践的实证研究很多，但真正具有操作性、能够系统地促进学生自主能力的干预措施却很少。自主学习是社交和情感学习课程的重要组成部分之一。例如，"强健儿童项目"被认为是基于证据的学习效能干预，也包括"解决人的问题""设定目标和保持活跃"的单元。由于这些课程可

以由教师讲授，因此在现有的学校资源下更容易实施；当然，这样做的代价是，效果可能不如更密集、更专业的课程（Tran & Merrell，2010）。另外，"积极行动项目"包括一个"不断改善自己"的单元，该单元强调设定和实现目标。前面也提到过一个强调学生学习能力的项目，通过家庭、学校和社区项目提供多种形式的积极行动项目，并且有证据表明它对学生的学校成功有影响（Flay & Allred，2003；Li et al.，2011）。其他一些基于证据的项目则教学生使用问题解决和决策框架来管理自己的学习和行为。这些措施包括"联系家庭与教师利益项目"，它使用问题解决框架来教给学生管理其行为的策略，以及"促进替代性思维策略项目"，它使用问题解决框架来改善学生的同伴关系和社会理解能力。

行为自控

许多干预措施是为学校教室设计的，其主要目的是管理学生的行为，但在大多数情况下，它们促进了教师对学生行为的控制（Bear et al.，2005）。行为自控定义的本质是让学生管理他们的即时行为，以满足学校的规则和社区的道德规范，并促进他们朝着个人学习和发展的目标前进。经验丰富和敏感的教师善于通过明确的规则和期望来控制学生的行为，积极肯定学生的恰当行为，并果断地对学生的不恰当行为进行纠正。最终，抗逆力强的学生能够自我施加这种行为监控。

将成人控制转向学生自控，大多数的干预措施都将使用以下四种方法中的一种：其一，为学生课堂行为提供直接指导、实践和反馈，以强化积极的行为；其二，将"行为方式"嵌入到一个更大的问题解决策略中，促进学生言行一致；其三，教学生在行动前停下来思考，这是一种克服冲动倾向的策略；其四，教授学生识别、理解和管理情绪反应的策略，使他们克制自己的"大脑短路"的行为。表8.7中列出的微观变化和基于证据的干预措施都是从这些塑造学生自我控制的方法中提取出来的。第4章对行为自控支持学生成功的机制进行了全面的描述。

表 8.7　促进行为自控的策略 [①]

微观变化常规和实践的例子
● 确定什么时候教室里出现了行为问题，并为学生创建一个课堂常规来代替。为常规命名，描述这个常规，为常规建模，让学生在第一天连续练习几次，然后在一周剩下的时间里练习一两次。最后把这个例行程序作为教学常规的一部分，并根据需要偶尔重新教授。 ● 重新构建课堂规则，减少规则的使用，用学生能够理解的语言描述，用积极的语言表达，以列表的形式呈现"要做的事情"，而不是"不要做的事情"。 ● 每天早上在口袋里放 25 个代币，当你发现学生们遵守"要做的事情"的规则时，就给他们一个代币。作为一种变通，有一个"唠叨时间"，学生可以因为提名一个做了好事的同学而获得一个代币。 ● 学生生气或沮丧时，教会他们使用安静下来的策略："叩问内心（你感觉如何）""深呼吸，慢慢从一数到五""把手放在心脏的位置思考，或者对自己说'慢下来'""吸入——呼出"。 ● 列出一些学生在生气时可以遵循的步骤：首先，有一个"安全的地方"，学生可以去，但不会有麻烦。其次，学生们仍然可以在那个地方学习。如果这也没用，那就悄悄地画出问题所在。接着，决定做什么，然后写下来。最后，回到课堂。 ● 教会学生运用"停下来思考"策略或者"先了解事实，再做出反应"策略，做到谋定而后动。 ● 教学生自我控制，告诉他们如何记录自己的行为，并将数据输入到一个简单的图表中。学生可以将每个数据"点"用一条线连接起来，然后观察图形是上升（行为改善）、保持不变还是下降。然后，他们可以做一个规划，描述他们将做什么才能使线上升。
基于证据的干预措施
● 促进替代性思维策略项目。这是一种普遍的能力建设干预项目，已被证明可以提高学生的自我调节和解决问题的技能（Kam，Greenberg，& Kusché，2004；Kusché & Greenberg，1994）。该项目每周在普通教育或特殊教育教室上三次 20 分钟的课程。

[①]　由贝斯·多尔、凯瑟琳·布雷姆和史蒂文·朱克（2014）提供，版权归吉尔福德出版社所有，复印许可仅限本书的购买者个人使用（详见版权页）。

基于证据的干预措施
● 我可以解决问题项目。这是一个为期一年的课程，教学生思考他们所遇到的社会问题，考虑替代性的解决方案，仔细考虑其他学生和他们自己的感受，并把这些转化为社会行为能力。有证据表明，该项目加强了儿童的亲社会行为，减少了他们的社会冲动。 ● 应对能力项目。虽然该项目的主要内容是对极具攻击性的儿童进行治疗性干预，但也有一个班级层面的应对能力课程，教导学生运用目标设定、解决问题和管理愤怒的技能。

行为自控的微观变化

行为自控的微观变化之一是"教室常规中的直接教学"，就其对课堂教学环境的预防重点而言是独特的。威特等人（Witt et al., 1999）的教学常规实用手册中有几个例子：如果教室里的噪音和削笔刀的摆放打扰了学生的注意力，那就教会学生提前削好一天所用的所有铅笔。如果学生在课间离开教室时吵闹，让他们反复练习进出教室的程序。如果在代课老师的管理下，课堂不可避免地陷入一片混乱，那就多教给学生一些与代课老师相处的常规方法。在几乎没有老师监督的情况下，学生通过反复的练习逐步形成新的行为习惯，有助于学生管理自己的行为。

表 8.7 中列出的其他微观变化教学生使用熟悉的解决问题步骤来提前决定他们在特定情况下应该如何表现。当学生面临异常困难的情况时（例如，被一群大孩子欺负），或者当他们因性情或残疾而倾向于自暴自弃的时候（例如，容易分心的学生注意力不集中，社交能力有限的学生容易自我孤立），事先推理是有用的。通过思考一个问题，可以帮助学生从他人的角度来看待问题，并为他们提供一个框架，让他们对自己的行为偏好做出重要决定。最初，一旦学生制订一个计划，他们需要温和的提醒来帮助执行计划。例如，老师可能会轻声提示（"记住你的话"）或使用一个微妙的信号（摸耳朵）来提醒学生听讲。有时，学生们学会用类似的提示来提醒对方。最终，学生可以自我提醒，对教师提示的需求也会减少。

"停下来思考"策略源自最早的儿童干预手册之一。肯德尔和布拉斯韦尔（Kendall and Braswell，1985）的"停下来思考"策略教会了冲动的学生在行动前先停下来评估自己的行为。用认知自我指导打断儿童行为的做法源于认知行为心理学的首要原则，即认知和公开行为一样，可以作为目标被教导、强化、惩罚及塑造。像解决问题的步骤一样，一旦学生练习了"停下来思考"的策略，他们通常需要提示和暗示，以提醒他们在实际环境中使用策略。

教学生了解自己的情绪的微观变化有助于学生积累情感词汇，一个强烈的情感词汇顺带着提醒他们情绪的发生，使他们有可能清晰地谈论自己的情感体验。关于情感的对话构成了学生构建情感的"图谱"，包括两个关键的理解：情绪有时会扭曲他们对自身经历的理解，而情绪有时会驱使他们的行为产生更大的问题。将应对情绪不良影响的策略融入到教学常规中并不难——让那些容易发怒的学生到教室里一个特别的地方冷静下来，或者为学生们创建一个"脚本"，让他们在被焦虑或愤怒冲昏头脑时说出来。

基于证据的行为自控干预措施

在加强行为自控的循证行为干预方面，学校提供选择的余地最大。表8.7列出的是那些能够在班级层面实施并旨在建立学生对其行为的自主控制（而不是教师指导的控制）的干预措施。举个例子，埃迪和同事的"联系家庭与教师利益项目"也被认为是一种支持家校关系的基于证据的干预措施，它已经被证明可以增强学生解决问题和解决冲突的能力，降低学生的攻击性和行为问题。"不可思议的岁月"儿童项目（Webster-Stratton，Reid，& Hammond，2001）教授学生一系列行为技能，包括解决问题、遵守学校规则，以及如何在学校取得成功。"不可思议的岁月"项目被暴力研究和预防中心确定为预防暴力的典范项目，还提供教师培训和家长培训。"应对能力项目"最初被设计为针对极具攻击性的学生的个人和家庭干预项目。该项目的目标包括加强学生的目标设定、愤怒管理、学习技能、社会问题解决和观点分析，它已被青少年司法和犯罪预防办公室确定为模范项目。最近，"应对能力项目"开发了一个通用的课堂干预模块，可以用来培养班上所有学生的行为素养技能（Lochman，Powell，Boxmeyer，& Baden，2010）。早期的研究结果表明，让好斗的学生在教室里接受正常教学，个人干预项目的效果会更加明显。

地方、州和国家的教育机构也强烈赞成积极的行为支持：在学校和学区范围内出台相关政策，采取必要措施，将使学生倾向于以安全、尊重和积极的方式行事。"积极行为干预和支持项目"是一个非常棒的积极行为系统（PBIS；Sugai & Horner，2001）。积极行为干预和支持项目为学校提供技术支持，以识别、调整和维持面向全校的、有效的纪律措施。美国 13 个州（从初中到高中）的 500 余所学校已经实施了积极行为干预和支持项目，该项目在减少学生问题行为、延长学术指导时间和提高学业成就方面效果明显。

改进抗逆教室的特征：一个案例

借鉴社会关系表的管理，研究者开发了针对抗逆教室几个特征的新颖干预措施。学生提名三个同龄人，每个人都描述各种各样的社会和学习行为（例如，"有很多朋友的孩子是……""完成工作的孩子是……"）。表 8.8 显示了部分社会关系统计的结果，标明了特定学生在每个社会问题上获得的提名数量。顶部的每个序号代表教室中的一名学生。这些数字是随机分配的，以确保学生的匿名性。

表 8.8　一项在干预中使用的社会关系图结果

社会关系问题 ＼ 学生数量	#1	#2	#3	#4	#5	#6	#7	#8	#9	#10
谁有很多朋友？	3	7	0	2	2	3	11	2	5	1
你愿意和谁一起做课堂作业？	9	1	1	1	3	3	9	1	2	0
你愿意和谁一起玩？	5	4	0	2	4	1	4	3	4	2
谁在班里最受欢迎？	5	5	0	2	2	2	8	2	4	0
谁获得了优秀等次？	10	2	0	3	1	5	10	1	1	0
谁最容易分心？	1	6	2	0	4	1	0	8	3	5

在班级会议期间，社会关系表在教室前面的投影仪上放映，一次显示一行，让学生们推测这些数字的含义。当学生们试图辨别为什么某个学生在"谁有很多朋友？"这个问题上有七票，然而在"你愿意和谁一起做课堂作业？"这个问题上只有一票时，这强烈刺激着学生们进行推论。学生的推论，如"也许他们从不专心听讲"或"也许他们不善于完成作业"，帮助他们看到自身的教室行为与他们在同龄人中的社会或学业地位之间的关系。干预措施帮助学生确定了他们想要实现的特定学业和社会目标，并明确了实现这些目标所需的老师、教室及父母的支持。为了回应这些讨论，学生开始制定基于课堂的策略，以获取社会关系表中他们推崇的亲社会属性和良好的学习习惯。与此同时，他们还从其他同学和老师那里获得了重要的反馈和支持。

一些学生选择用黄色的便利贴把两个最重要的目标贴在课桌上，这能悄悄加强同学们的努力；学生们相互关注对方的便利贴，有利于相互督促，巩固彼此的进步。为了阻止一个同学频繁地和邻桌同学说话，附近的同学形成了一个"抿嘴"的默契，再加上一个善意的微笑，以帮助这名同学集中注意力。在日常教学中，促进学生有效的目标设定和亲社会行为需要运用特定的语言和策略，在这一过程中，教师的参与发挥着至关重要的作用。通过持续的班级会议，教师团队为学生培育了一个良好的社会情境，帮助学生设定恰当的学习目标，改善师生关系，践行有效的行为规范。

总　结

本章描述了能够指导教室团队选择有效教室干预措施的各种资源和原则。我们建议团队最初依赖于创新性的微观变化，因为简单的变化通常足以改变教室的重要特征，并且随着时间的推移更容易保持。即使在使用基于证据的干预措施时，团队也需要对特定干预措施的适用性做出具体判断。教室在人力和物力资源、需求的性质和程度方面差异很大，至于如何有机整合干预措施以改善自身的生态系统，则更需要具体问题具体分析。同样的干预措施，应用到条件各异的教室，其有效性可能大相径庭。因此，在选择恰当的教室干预措施之前，需要仔细分析教室的优势和薄弱环节（第6章），以确定可能限制或加强干预的教室条件。通过收集当下教室数据（第5章）并进行分析，可以验证哪些干预措施在特定的教室是有效的。

课间休息干预的个案介绍

校园欺凌是许多学校普遍关注的问题，本章后面的案例研究描述了如何使用班级图谱量表来规划和实施校园欺凌预防计划。卡迪·杜利（Kadie Dooley）、克里斯汀·比伯（Kristin Bieber）和考特尼·维默尔（Courtney Wimmer）描述了一个三管齐下解决三年级学生的欺凌问题的干预方案。中央小学的老师们特别担心，因为修复操场上损坏的地方正在占用他们的教学时间——这也是一个常见的抱怨。请注意，教师使用微观变化是有效的，可以自然融入学校生活。如果这些措施没有效果，教师们可能会转向基于证据的干预，但在此背景下，这被证明是不必要的。

课间休息面临的问题

卡迪·杜利、克里斯汀·比伯和考特尼·维默尔，内布拉斯加大学林肯分校

问　题

在中央小学三年级的课间休息期间，学校的管理人员和老师们都对校园欺凌感到担忧。老师们经常不得不从教学中抽出时间来解决学生们的分歧，

抚平他们受到的伤害和愤怒的情绪。他们与大学研究人员合作，制定了课间休息策略，以阻止操场上的欺凌和攻击行为的发生。

班级图谱结果

为了从学生的角度理解问题，所有三年级的学生都完成了班级图谱量表。老师对学生在"我所担心的"分量表的回答特别感兴趣（见图8.2）。结果显示，37%的学生很担心其他孩子对他们做的事情。此外，43%的三年级学生经常担心其他学生会对他们撒谎。同样重要的是，30%的学生经常担心别人会故意伤害他们。在讨论了这些结果之后，老师们想要确保所有的学生在课间休息时都感到安全。

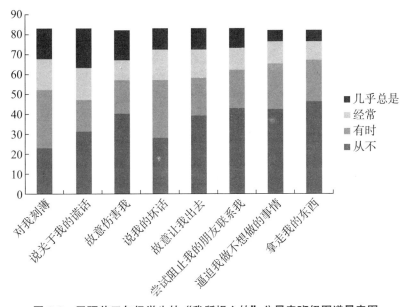

图8.2 干预前三年级学生的"我所担心的"分量表班级图谱量表图

班级会议的结果

然后举行班级会议，向学生展示结果，并询问他们认为是什么导致了这些问题。会议期间，学生们被问道："你为什么要担心这些事情？""大人能帮什么忙？"和"你能帮什么忙？"其中一个班描述了他们认为操场上那些最容易出现问题的特定区域（例如，设备后面、滑梯里，以及老师看不见学生的地方）。学生们提出，教师可以通过以下方式提供帮助：在操场监督时分散开来，不要扎堆站；检查学生可以藏身的地方；当学生报告有欺凌行为时采取行动。而学生们自己，可以通过告诉老师、互相支持、告诉欺凌者如果他们对人好，他们会有更多的朋友，以及孤立那些欺凌者，来减少欺凌行为。

规划变革

基于学生的想法，老师们决定实施三种策略来改善课间休息的状况。首先，他们在班级举行反欺凌会议，讨论欺凌如何影响学生，并描述学生应对欺凌的方式；把最好的想法贴在每个教室的墙上。其次，老师们给那些经常欺负同学的学生分配了一个同伴导师。在课间休息或其他非固定时间，同伴导师会和他/她一起散步、玩耍，如果他们开始欺负同伴，就会提醒他们停下来，并模仿同伴间的亲社会互动。最后，老师们得出结论，某些课间游戏会造成问题，因为学生们遵守的是几套不同的规则。他们请体育老师在体育课上教授游戏规则。例如，"四方形"是一款很受欢迎但特别具有挑战性的游戏，因为当球出界时学生们经常发生争论。体育老师教给学生一套一致的规则，所有的学生都可以遵循同样的规则来玩耍。

结　果

在教师实施这些策略后，再次对三年级学生进行班级图谱量表调查。结果如图 8.3 所示，学生们现在对欺凌的担忧减少了。学生对于其他孩子的不良行为的担忧减少了 10%。此外，43% 的三年级学生在第一次调查中表示，他们经常担心其他学生会对他们撒谎，但在第二次调查中，只有 28% 的学生有此担心。最后，干预前 30% 的学生经常担心别人会伤害自己，干预后这个数字下降到 23%。

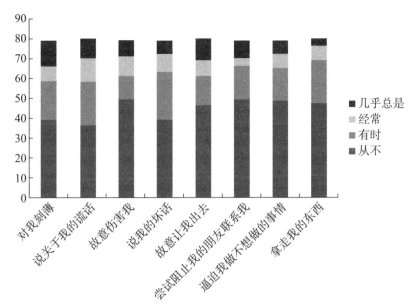

图 8.3　干预后三年级学生的"我所担心的"分量表班级图谱量表图

第9章　评估抗逆教室对外部受众的影响

　　国家政策制定者认为，改善学校和教室的途径非常简单（No Child Left Behind Act，2002），学校只需找出"有效的方法"并付诸实施。教育工作者应该提供可靠的实证证据，证明他们所提供的服务能够有效地提高学生的学业和个人成功率。然而，"什么是有效的"这一论点低估了研究人员确定项目有效性的难度，也低估了学校围绕这些项目开展教学实践的难度。国家政策制定者仍在争论一项干预措施必须满足哪些标准才能被宣布为有效（Bumbarger，Perkins，& Greenberg，2010；Odom et al.，2010；Weisz & Gray，2008），确定有效的全班干预措施的任务更加艰巨（Doll & Cummings，2008；Doll，Pfohl，et al.，2010）。与此同时，在国家辩论开始的同时，教育工作者往往需要逐个记录其服务的影响。本章说明了如何进行评估，以使管理者、学校董事会和社区成员满意，这些评估表明，抗逆教室干预已"奏效"，并且值得老师花时间和资源进行尝试。

　　到目前为止，本书将数据收集作为教室干预的组成部分，以便教师可以判断教室的变革目标是否已实现。这也很容易将对抗逆教室项目的评估等同于简单的测量任务。如果教室的同伴关系最初是有争议的，在全班级干预之后，同学之间互动的频率、方式都有明显的改善，则可以断言干预是有效的。这些简单的抗逆教室项目的前后对比，未必能让外界信服。在此示例中，教室可能由于完全独立于抗逆教室干预的原因而发生了改变。例如，有一次，一位副校长替换掉了丢失的绳球，把四方形的球场移到了一个更好的位置，在足球场上画上了球门和边线；或当学校的图书管理员开始允许一些学生在计算机实验室休息而不是到外面去时；或学校的体育老师修改课程表，教孩子们在课间可以玩到许多游戏时，学生课间休息发生冲突的频率急剧下降了。像这样的学校变化可能是教室同伴关系改善的原因，而不是抗逆教室的干预。

并非每一个抗逆教室的干预都需要全面而严格的评估。当老师和教室团队一起努力打造教室的特色时，他们只需要知道学习条件已经改善。如果学生冲突减少了或师生关系得到改善，那么弄清楚这种改善是谁的功劳就相对不重要了。但是，在某些情况下，能够证明教室干预项目有效性的证据，会影响学校的资源分配或教室获得资金的渠道。此外，进行更严格的评估可能会左右学校董事会成员、社区负责人或其他控制教室资源的管理者的意见。

令人信服的评估不仅表明干预措施一旦实施，教室的条件会改善，而且还会检查这种改进是否归因于干预措施，并评估对学生成功的影响程度。这些评估的某些要素已包含在一个抗逆教室项目中。进行良好的评估应从明确决定干预项目的目的开始：为了使该项目成功，将进行哪些变革以及必须变革到什么程度？本书的第2、3、4章讨论了干预目标，这些目标可能会增强教室

> 令人信服的课程评估会检查教室的变化是否归因于干预，并评估对学生成功的影响。

对儿童的抗逆力培养。接下来，必须确定一种测量策略，该策略可以收集客观且可量化的数据。第5章介绍了几种评估教室特征的替代评估工具。第5章和第6章介绍了如何将班级图谱量表用于此目的。一个主要区别是，项目评估必须包括在干预之前、之中和之后连续（最好是每天）收集的数据。第5章的评估工具中只有一部分适合进行持续使用。尽管班级图谱量表的问卷太长而无法每天进行数据收集，但当分量表能达成该项目的目的时，每周可以多次使用分量表。

项目评估必须收集基线数据，以确定教室干预前的特征。如同抗逆教室项目一样，必须将干预措施分解为一个非常具体的分步计划，并详细记录所有教室是否完全按照计划实施干预。项目评估需要进行细致的评价设计，明确实施干预和收集数据的时间表，这样才有可能知道教室的改进是否是干预的结果。最后，必须对评估数据进行审查，并利用这些数据来决定是否以及

如何改进干预措施，以提高其有效性。

目标分类

抗逆教室的干预措施具有六个近期目标：改善教室的师生关系、同伴关系、家校关系和学生的学习效能、自主学习、行为自控。在某些情况下，这些目标中一个或多个会被选中。例如，改变教室的目标可能会减少在操场上发生的打架和冲突的次数，或者提高孩子与父母谈论他们学业的频率。当使用班级图谱量表评估课堂特征时，教师经常围绕调查中的一个或多个项目建立他们的改革目标。这些目标中的每一个都致力于改善教室的生态环境，从而使教室成为儿童学习和互动的理想场所。因为它们是干预的近期目标，所以这些是最有可能实现的目标。应始终为评估来定义近期目标。

尽管如此，管理人员、社区成员、政府官员或政策制定者可能并没有高度重视这些近期目标，特别是如果他们不相信抗逆教室的环境会改善学生的学业成就。教室的外部人士通常不关心班级层面的改进，而对改善学生成绩的目标，如更高的考试分数、更低的留级率、更低的辍学率、更低的停学率或开除率以及更高的学生等级等更感兴趣。这些都是干预的长期目标，因为它们在一定程度上与教室干预的直接活动相脱离，不太可能通过短期干预实现。然而，这些目标的重要性不可低估，因为它们可能决定是否有资源来继续进行干预、提升教师水平或将工作人员分配到教室或教学楼。只有明确学生成果目标，才能根据评估结果对资源及其获取途径和学校政策进行关键决策。

中期目标介于近期干预目标和学生成就目标之间。抗逆教室的假设是有效的教室环境将提高学生的学习参与度，增强他们的课堂纪律，最终改善他们的学习能力。中期目标包括学习任务完成率、学生出勤率和迟到率以及

> 抗逆教室的假设是有效的教室环境将通过增加学生的学习参与度和增强他们的行为纪律来增强他们的学习能力。

违纪行为比例。因此，为改善学习参与度和课堂纪律而设定的目标，介于有效课堂环境目标与学生成就目标之间，起到承前启后的作用。外部人士可能不会像重视学生的学习成果那样重视实现这些中期目标，但提高学生学习参与度意味着学习时间增加，而增加任务时间与学业成就进步之间的关系是显而易见的。而且，和学生成就目标相比，这些中期目标在更短的时间内就会发生变化。基于此，追踪这些中间目标的实现进度可能非常有价值。

教师单独设定的目标，与由学生或家庭参与设定的目标，或者由管理人员或决策者设定的目标有所不同。评估的目的则会受评估的利益相关者和评估的紧迫性影响。评估是为班级管理者、年级管理者服务，还是据此做出紧急决定，这种差异会导致评估目的有天壤之别。

时间是干预目标的关键组成部分。干预的目的永远不是"最终"改变教室或延长干预的时间。相反，如果干预在合理的时间范围内完成目标，则干预是成功的。期望教室社交技能课程在8~12周内改变学生的社交行为是合理的，在几天内改变孩子的社交行为则是不合理的。因此，明确的目标包括精准预计发生变化的时间间隔。当学生参与目标设定时，很重要的一点是要认识到，随着时间的推移，他们追踪目标的能力存在着发展上的差异。通常大多数中学生可以跟踪他们在一个月内达到预期目标的进度，但很难专注于未来一个学期或一年的目标。例如，一个六年级的老师很难激励学生为两年后去科罗拉多州西南部梅萨维德史前悬崖民居的旅行而努力。小学生可以轻松地跟踪他们期望在一周甚至两周内达到的目标的进展，如果是追踪未来几周的目标进展，他们通常会失去兴趣。许多高中生可以朝着一个学期后的目标努力，但可能无法很好地为一年或更长时间的目标做规划。

大多数评估设计都需要在一个教室中重复进行干预。因此，对教室干预的评估通常针对多个教室共有的高频目标：提高家庭作业或课堂作业完成率，增进师生关系，加强学校与家庭的沟通或减少同伴冲突等。

测量策略

第 5 章已详细介绍了如何选择要素来测量教室特征。这些评估策略可以卓有成效地收集有关抗逆教室干预近期目标的数据。班级图谱量表是为评估即时课堂目标而开发的，因此备受关注。当班级图谱量表的一个或多个分量表与教室干预的目的相匹配时，可以按每周几次的频率应用这些分量表，以监控学生观念随时间而发生的变化。或者，教师有时会在班级图谱量表中选择 2~3 个与其干预相匹配的关键分量表加以应用。但是，用这种方法获得的结果不如使用 6~8 项分量表中的某一个量表获得的结果可靠和稳定。

与学习参与和课堂纪律有关的中期目标的评估更具挑战性。在大多数情况下，中期目标的指标主要由课堂记录构成。例如，应该将学生出勤率、课堂作业完成率和家庭作业完成率记录在教室记录本中。但是，在实际操作中，这些记录可能非常随意，并且缺乏数据收集所需的可靠性。在这种情况下，保持更严格的课堂记录可能会成为干预计划的一部分。

跟踪残疾学生的学业参与情况的策略是防止辍学的"检查并联系项目"的组成部分（Christenson & Reschly, 2010）。该计划每天记录学生的迟到、逃学和违纪行为的情况。此外，老师每周完成一次评分表，描述学生的学习任务完成情况和课堂任务时间。当这些记录显示出脱离学校的迹象时，"检查并联系项目"便会对学生进行干预。就像第 5 章中描述的许多措施一样，"检查并联系项目"主要关注个别有风险的学生，如果用于追踪所有学生的课堂参与度，则需要进行必要的修改。

也可以使用直接观察来记录学生课堂上完成任务的学习时间。史华莱士和乔伊纳（Squires & Joyner, 1996）描述了一种观察学生学习参与时间的简单步骤。训练有素的观察员在教室里花 100 分钟进行观察，每隔 10 分钟观察一次，共分 10 个观察期。在每个观察期内，观察者会观察每个学生 2~3秒钟，确定该学生是否在执行任务，如果学生没有参与，则在观察表上录入记号。观察者每隔10分钟重复一次该过程，直到观察到班上所有学生为止，然后，在观察结束时，通过简单的计算就可以得出教室的参与率。

无论使用哪种数据收集程序，有效的项目评估都要求严格、精确和完整地收集数据。缺少数据或数据不完整会严重削弱从评估中得出明确结论的能力。毋庸置疑的是，数据收集流程必须非常简单、易操作。复杂的数据收集程序容易出错，而合理且易于遵循的程序则更有可能收集到完整的信息。只有与评估结果没有既得利益关联的人才可以收集评估数据。例如，当教室中的学生参与评估班级图谱量表信息并与老师一起规划教室干预措施时，很重要的一点是，必须有其他团队成员参与评估。参与教室干预使学生倾向于希望相信课堂上的情况会越来越好，并且可能导致他们提供的有关课堂变化的信息不够客观。

> 有效的项目评估都要求严格、精确和完整地收集数据。

教室团队可以使用多种策略来简化数据收集流程。尤其是在收集多种数据时，应有一个以上的人参与数据收集。例如，我们很成功地指派了一个负责任的学生在课间休息后进行调查，他／她可能会将已经收集的数据用于其他目的。如果现有数据不可用，则通常可以使用从班级常规记录中筛选出的可以进行追溯编码的数据。最后，团队应该编制简单的表格、图画，并以表格作为收集、整理数据的工具。

基线数据

收集基线数据的目的是了解干预之前教室的状态。为了完成此任务，必须收集足够的基线数据才能令人信服地描述干预前教室的状态。如果可能，这需要至少七个数据点。如果这些数据点对教室特征的描述是一致且稳定的，那么干预活动就可以开始了。但是，如果这些数据点高度不一致或表明教室的状态正在逐渐改善或逐渐恶化，则可能需要更长的时间收集基线数据。理想情况下，如果不进行干预，则基线数据应能够清晰、无争议地预测教室的未来状态。

在学校收集基线数据可能会遇到种种挑战。如果评估已为教室中存在的问题提供了明确的证据，在继续进行更多的基线评估的同时，则可能会面临需要立即进行干预的巨大压力。由于这些原因，缺乏基线数据是校本项目评估不规范的常见情况。没有基线数据，几乎不可能确定教室是否正在改善。在某些情况下，现有数据可能为干预提供良好的基线。例如，当一个二年级的教室决定计划一项提高家庭作业完成率的项目时，老师的记录本中有三个月的基线数据来说明家庭作业的完成率。现有记录还可以记录干预前的学生的出勤率、等级、考试成绩及家庭与学校的沟通。

在某些教室中，学生文件夹中包含已完成学习任务的存档，该文件夹可能提供干预前关于学习准确率的基线数据。办公室纪律记录可能会记录学生由于行为违规而被送往学校办公室的时间及频率。在某些情况下，基线数据比例可能为零。例如，老师可能知道他或她从未接到过学生父母的电话，或者学生从未主动为全班设计过课程。

干预计划

教室团队要改变单个教室的特征，应该与老师和学习的学生密切合作，共同决定如何进行干预。作为教室教学的主要参与者，教师和学生不仅最了解课堂上的需求，而且还负责实施几乎所有的干预措施。但是，当实践者分析干预计划对多个教室的影响时，需要斟酌哪些内容对多数教室普遍有效，再进行决策。同时，需要从已证明有效的方法中选择干预计划。尽管很少有课堂干预被证明是"基于证据的"，但六种抗逆特性中的每一种都有许多卓有成效的干预措施，这些已在第3、4、8章中进行了介绍。

制订干预计划后，至关重要的是，书面计划必须描述做什么、何时做以及将任务分配给谁。像个别教室的干预措施一样，如果该计划以检查清单的形式编写，则可以用来记录每周已执行的步骤和因疏忽而遗漏的步骤。这些书面记录将验证干预措施是否在所有参与评估的教室中按计划实际使用。

好的干预计划应规定干预措施的使用时间。在某些情况下，干预将包括对课堂常规和实践的永久性改变。但是，在其他情况下，一旦不再需要，干预措施则将自然取消。这就需要对实施干预计划的合理时间间隔做出判断，并且该时间间隔应在参与干预的所有教室保持统一。

评估设计

研究文献中详细讨论了评估有关干预措施的标准。为保证有效性，干预措施应通过随机分配的对照组设计进行评估，在这种设计中，将两组参与者随机分配到干预组和无干预（对照）组，并且在整个研究中收集相同的基线数据和干预数据（Doll & Yoon，2010；Weisz & Gray，2008）。在研究结束时，干预组与对照组之间的差异可用于评估干预效果。在最好的情况下，这些差异将是显著的（以统计学核实，手段上确实存在差异）和有意义的（差异很大，对于儿童的成功至关重要）。但是，在抗逆教室评估中，干预的对象是教室而不是学生。在受资助的研究之外，招募足够的教室参加传统的对照组研究几乎是不切实际的。此外，鉴于教室中存在的条件多种多样，同一干预措施不太可能适用于大量教室。因此，最好使用小规模研究设计来对教室进行评估，在这些研究中，教室充当自己的对照组。

> 最好使用小规模研究设计来对教室进行评估。

个案研究

在所有单一个案设计中，一个案例研究提供的证据是最弱的。在系统的案例研究中，收集基线数据（条件 A），然后实施干预（条件 B）并收集干预数据。这也称为 A–B 设计。A–B 设计的问题在于，没有充分的证据表明教室的变化与没有干预的情况有所不同。虽然基线数据提供了对教室未来状态的预测，但该预测尚未得到证实。肯尼迪（Kennedy，2005）认为，案例研究设计是干预措施建立最初承诺的一种简单方法，应始终采用控制效果更好的设计。但是，如果案例研究的数量足够，而且控制良好，则可以将它们汇总起来，以评估多种情况下干预措施的影响。例如，谢里丹等（Sheridanet al.，2001）通过汇总 57 个咨询案例研究的效应量，证明了联合行为咨询的影响。如果不同案例的目标相似或使用相似的干预措施，那么汇总的案例研究将最有说服力。

一种 A–B 设计的变体可以提供更具说服力的干预效果证据。在采用后续措施的 A–B 设计中，即使在干预措施已经完成或中止之后，仍将继续收集数据监控教室的进度。然后，如果教室的特征开始弱化，则再次进行干预。如果在恢复干预措施后情况有所改善，则可以很好地证明干预措施带来了有效的变化。

撤回设计

在撤回设计中，收集基线数据（条件 A），实施干预（条件 B），一旦干预数据稳定后，撤回干预，教室恢复到基线状态（条件 A）。撤回设计有时也被称为 A–B–A 设计，其中包括许多变体：A–B–A–B 设计是在干预阶段而不是基线阶段结束的撤回设计。A–B–A–C 设计是检查两种干预（条件 B 和 C）而不是单个干预的撤回设计。当教室需要知道两种干预措施中哪一种更为有效时，这些设计可以成为强有力的设计。

撤回设计功能强大，因为每个教室都作为自己的基线。但是，只有在可以取消干预的情况下才能使用这种设计。例如，如果一项干预涉及教给一组学生解决同伴冲突的新策略，则不能假定他们在撤回干预期间没有学习该策略。因此，撤回设计不适用于这种干预。但是，如果干预涉及定期举行班级会议以解决课间休息时的冲突，那么在撤回期间停止召开会议将很简单。在这种情况下，撤回设计将是适当的。

有时，撤回一项看似有效的干预是不道德的。例如，当一个六年级的老师发现，一旦休息时间在操场安排了比赛，他的学生的停学和开除率就下降了，他将不愿暂停比赛，因为他们担心斗殴和随之而来的停学率会再次反弹。在大多数情况下，这些道德问题可以解决，因为撤回期的持续时间较短，并且随后将恢复干预。

多重基线设计

当同一干预将用于改变一个教室的多个特征时，或者当同一干预将用于多个教室的同一目标时，可以使用多基线设计。为了跨目标使用多基线设计，应该收集两个干预目标的基线数据。然后，一旦基线数据稳定，就只能使用干预措施来改变教室的一个特征。

针对该目标收集干预数据，同时继续为其他目标收集基线数据。干预数据稳定后，即可使用干预来改变教室的第二个特征。有证据显示，如果数据表明第一个特征在第一次干预开始时有所改善，而第二个特征直到第二次干预开始时才有所改善，则该干预是教室变化的原因。例如，教室可能会使用班级会议作为干预手段，以讨论和解决在午休期间发生的同伴冲突以及在小组活动期间发生的同伴冲突。基线数据将被收集以统计午休期间和小组活动期间的冲突数量。然后，班会开始讨论课间休息问题，同时仍继续收集课间休息和小组活动时间冲突的数据。一旦午休期间的冲突减少，班级会议就可以开始讨论小组活动期间的冲突。如果小组冲突也有所减少，则有充分的证据证明班级会议在减少同伴冲突方面是有效的。

多个基线可以以相同的方式评估在多个教室中发生的干预。如果三个三年级教室在学生完成家庭作业方面遇到困难，则多基线设计将收集三个教室的家庭作业完成数据，直到基线数据稳定为止。然后，可以在教室 1 中启动父母参与计划，同时在所有三个教室中继续收集数据。一旦干预数据在教室 1 中稳定，则可以在教室 2 中实施父母参与计划。类似地，一旦干预数据在教室 1 和 2 中稳定，则可以将其添加到教室 3 中。如果数据表明只有将父母参与计划添加到每个班级后，完成作业的比率才有所提高，则有充分的证据表明，这种改善是由干预项目所致。

回顾与反馈

任何评估项目中的关键步骤都是定期审查评估结果，然后根据这些结果对项目进行调整。调整工作围绕干预无效的部分进行，可能包括加强干预措施的力度，更准确地实施，持续坚持一段时间或改用新的干预措施。再次，为保证评估设计的严谨性，要求在各个教室之间同步调整干预措施，并且在调整之前、之中和之后都要系统地收集数据。

针对效果明显的干预措施，重要的是要确定干预是否达到使教室参与者满意的目标。教室中有意义的改变不仅应该是经验上可察觉的，而且还应该足以满足教师、学生和家长的要求。

> 教室中有意义的改变不仅应该是经验上可察觉的，而且还应该足以满足教师、学生和家长的要求。

为了记录教室对干预的满意度，项目评估者可以提供行为干预评分量表（BIRS；Elliott & Von Brock Treuting，1991；Von Brock & Elliott，1987）给教师和家长使用。在类似基于学校的干预效果研究中，行为干预评分量表已被高度可靠地使用（Sheridan & Steck，1995）。另外，目标达成量表可以用来评估学生和老师对是否达到课堂目标的信念（Kiresuk，Smith，& Cardillo，1994）。目标达成量表是画在纸上的从 –2 到 2 的简单的五点线（见图 9.1）。如果教室的状况严重恶化，学生或教师将在 –2 上画圈；如果教室的目标已完全实现，则他们将在 2 上画圈，或者他们可以标记介于两者之间的任何一点。线（0）的中点代表什么都没有改变的情况。当在类似的评估中使用"目标达成量表"时，其有效性和可靠性已被证明是很高的（Kirusek et al.，1994）。

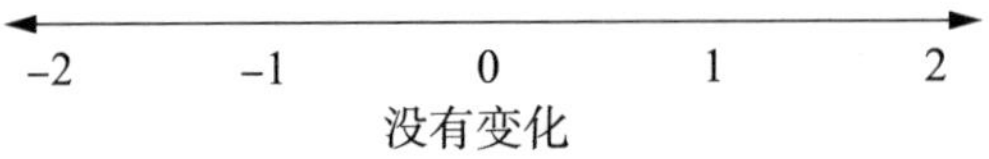

图 9.1 目标达成量表

汇报评估结果

一旦评估提供了令人信服的证据证明干预的有效性，就应将结果传递给关键决策者。如果报告中关于干预项目的最基本信息简短且高度集中，就会更引人注目：干预中做了什么？实施它需要哪些资源？它对学生的成功有多大影响？为了在将来的教室中继续使用干预措施，需要哪些政策、资源及决策？使用项目符号列表，突出显示、灵活运用标题将吸引观众去关注重要信息。使用数据图形和图表将比在表格中呈现数字更具影响力。但是，如果没有严谨的传播计划，评估产生的影响将非常小。

一项课堂干预评估

墨菲（Murphy，2002）评估了班级会议对四年级和五年级学生休息时间问题的影响。他选择了三个教室，这些教室因学生冲突（在图 9.2 中标识为"冲突"）和学生被拒（在图 9.2 中标识为"排斥"）而导致休息时间存在过多的问题。他立即开始每周收集两份课间报告，方法是让学生们完成一份包括七个项目的调查，描述他们在课间休息时间遇到的问题。

从第一周到第三周，在三个教室中持续收集基线数据。在第四周和第五周，基线数据稳定后，他开始每周仅在教室 1 召开一次班级会议。会议采用了一种解决问题的方式，他要求学生描述休息时间的问题，提出替代解决方案，预计每种解决方案的结果，选择一种策略并进行尝试。老师坐在教室的后面，记笔记以确保班级会议遵循商定的形式进行。

图 9.2 显示，会议开始后，休息时间产生问题的数量下降了。在第六周，

教室 1 的班级会议停止，教室 2 的班级会议开始；那时，教室 1 休息时间的问题有所增加，但教室 2 却没有任何明显变化。实际上，在教室 2 的整个班

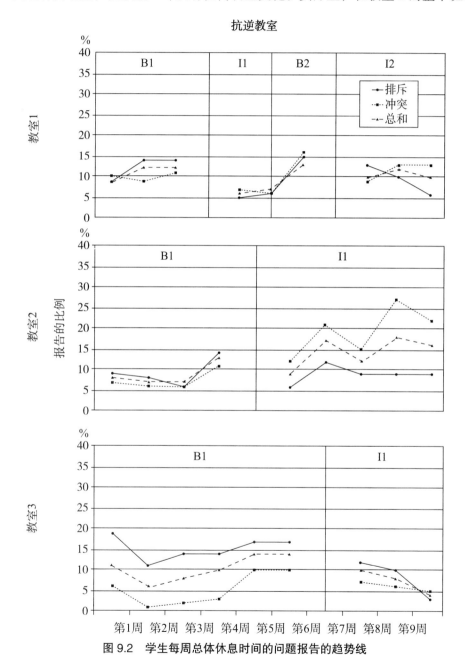

图 9.2　学生每周总体休息时间的问题报告的趋势线

级会议期间，休息时间的问题似乎都在增加。在第七周，在教室 1 中恢复了班级会议，并在教室 3 中首次启动了班级会议，两个教室的休息时间的问题也有所减少。墨菲的评估是对教室干预进行简单评估的一个示例。他的结果表明，班级会议导致教室 1 和 3 的休息时间的问题略有减少，但在教室 2 中却没有效果。

总　结

并非总是需要对抗逆教室干预进行严格的评估。在许多教室中，当务之急是优化教室环境以促进学生学习，通过简单的案例研究收集基线和干预数据就可以证明这一目标已经实现。当需要进行严格的评估时，评估的目的几乎总是证明学校或教室资源的合理性。在这种情况下，将需要回答三个关键问题：抗逆教室干预措施在改善教室环境方面是否有效？结果使学生获得了更多的成功吗？效果有多大？

第10章　抗逆教室与现有学校心理健康服务的整合

就像教室一样，学校也是生态系统。将变革引入学校需要与改变教室一样的努力。进行巨大而突然的变革，可持续性往往不佳，因为这对整个系统提出了太多陌生的要求。细小而微妙的变化则很容易被采纳；一开始看起来是一种变化，随着时间的推移，看起来就很像原来的做法了。真正的挑战是将变革融入学校当下的实践中，同时仍要保护变革所代表的创新性和重要意义。本章介绍如何将抗逆教室的思想整合到学校的现有实践中。首先，我们描述了抗逆教室与当前学校实践的相似之处，因为这种熟悉感会让人们更容易接受变化，而且应该指出学校已经具备的支持课堂干预的能力。然后，我们回顾了抗逆教室与当前学校实践不同的特点，并再次解释为什么这些特点应该得到保护。

熟悉的内容

本书中描述的许多内容应该为学校所熟悉。例如，基于数据的决策是抗逆教室的实践特征之一，也是诊断教学的组成部分。在诊断教学中，教师系统地识别学生的优点和不足，提供针对学生不足的教学，并重新评估结果，以确定教学是否成功。数据收集和分析也是行动研究的特征，在行动研究中，教师和其他从业人员系统地调查学生日常遇到的实践

> 本书中描述的许多内容应该为学校所熟悉。

问题，并确定解决这些问题的最佳教学策略或预防措施。在特殊教育项目中，通过不断收集数据来跟踪学生的进步，从而证明学生的个别教育项目是适合残疾人的。由于学校越来越重视基于数据库的决策，因此抗逆教室实践所需的许多专业知识已经在学校中存在。大多数学校已经有工作人员了解如何收集和记录数据。他们对评估学习、社会、行为和情绪变量的其他方法有一定的了解，并且对数据可以支持有效决策的方式也有默契的认识。

抗逆教室策略的基础是系统性的咨询，这也是学校所熟悉的。在过去的30年里，学校心理学家、学校咨询师和学校社会工作者等学校心理健康专业人员一直在进行专业咨询，为教授困难学生的教师提供支持。事实反复证明，当咨询是有意识的、结构化的和数据驱动的时候，咨询会更加有效。最近，学校建立了团队咨询项目，由一组同事共同解决学生持续的学习或行为问题。基于数据的团队决策在促进学生的学业和行为成功方面非常有效（Burns & Symington，2002；Erchul & Martens，2002；Gutkin & Curtis，2009；Martens & DiGennaro，2008）。团队也被称之为"学生援助小组"或"教学咨询小组"，他们通常由常规教育和特殊教育教师以及特殊服务提供者组成。

在学校里，咨询是一种熟悉的做法，教师和其他教育工作者已经习惯于与同事组成团队，代表学生做出决定。大多数学校都会进行功能性行为评估，以研究环境变量与学生行为之间是否产生功能关系，对可能导致问题行为的变量进行假设，并操作这些变量，以检验假设。功能性行为评估为学校做好了准备，以理解和确定抗逆教室团队所识别的教室特征和学生成就之间的功能关系。

学校响应公众对卓越教育的需求，在全区范围内进行了广泛的学校改革，以提高学术标准，为学生未来的就业做好准备（Dwyer，2002）。为了指导改革，许多学校都有一个由学校各专业、各年级和各学科代表组成的区域领导小组。与抗逆教室策略一样，这些改革举措旨在加强学校的教育实践，以促进学生的成功，提高学生的学业成就。这样的学校团队承担了制定全校改革目标、组织改革活动的责任，他们非常青睐抗逆教室改革所遵循的原则。

最后，教师和其他教育工作者深入理解了情境对学生的行为和学习的影响。在学校的日常工作中，从教室到午休室再到操场，他们观察了大量的学生，并注意到学生在不同情境下的不同行为方式。在他们多年的教学生涯中，他们观察到学生从这个年级的教室升到下一个年级的教室，明白了同一个学生在不同老师的教室里可以有迥然不同的表现。基于对情境的日常观察，抗逆教室所依据的生态学框架在教师那里有很强的表面效度①。

不熟悉的内容

教师可能不太熟悉抗逆教室的其他特征。例如，学校习惯性地将学生的学习、行为和情绪问题归因于学生自身的缺陷和干扰。过去的做法强调为学生提供矫正服务，帮助他们克服残疾获得成功。抗逆教室的教育者尝试打破这一传统，他们认为问题可能出在教室的环境上，而不是学生身上。

在学校中，传统上是由教育专家（心理学家、辅导员和社会工作者）负责学生心理健康，而不是教师。他们通过在课堂外经常进行个人和小组咨询活动，为情绪异常或行为异常的学生提供支持。学校的核心职责一般不提供这些心理健康支持，并且学校中的精神保健从业人员很少，难以满足这些需求。相比之下，抗逆教室的策略则强调教师、朋友和家人等的自然支持，这是学生社会情感支持的主要来源。与阿德尔曼（Adelman & Taylor，2008）一样，我们认为，如果学校不能解决儿童的心理需求，他们就无法实现教育改革所蕴含的愿景。

对学校成功的主流定义，强调学生要达到数学、阅读、写作、科学和社会科学领域等学科的地方、州和国家标准的要求。相比之下，抗逆教室的策略则强调学习投入是学生学习成功的近端指标。学习投入的一项指标是学习行为，例如完成作业、遵守老师的要求、在适当的时候寻求帮助、自

---

① 表面效度是指研究工具所测试的内容从表面上看起来与其想要测量的内容相似。

愿回答问题以及从事分配的任务（Greenwood，1991；Liaupsin，Umbreit，Ferro，Urso，& Upreti，2006）。尽管如此，学生们仍必须积极思考材料并反思其含义，以显示持续学习的能力（Fredericks，Blumenfeld，& Paris，2004；Reschly & Christenson，2006）。那些努力学习知识、为成功而设定个人目标、保持专注和努力的学生，将更有可能在学校取得成功（Pintrich，2003）。归根结底，最成功的学生将是那些全身心投入学习、成为学校内强大社交网络的一部分或致力于努力改善全校学习条件的人（Fredricks et al.，2004；NRC/IOM，2004）。

最重要的是，学校教育的目标一直是改变学生、提高学生的成就，使学生掌握技能并取得成功。衡量学校是否成功的标准是：精通考试、在课程考试中获得平均分数或获得高中文凭的学生人数增加。抗逆教室的策略表明，在某些情况下，通过改变教室可以提高学生的成功率。

新兴的创新

抗逆教室干预措施反映了当代学校中出现的三个相互关联的创新：对学校的反应干预项目（RTI）、积极行为干预和支持项目（PBIS）和多层支持系统（MTSS）的响应。学校的反应干预项目是基于数据决策的特例，在最近的《残疾人教育改进法案》（IDEIA，2004）中被公认为是识别学习障碍学生的恰当工具。全国各地的学区都会收集连续的数据，描述学生在阅读、数学、语言艺术或科学方面的表现，并使用这些数据来检验试验性教学干预对学生学习的影响（Brown–Chidsey & Steege，2005）。抗逆教室干预是学校的反应干预项目的逻辑扩展，即使探究的主题是教室学习环境，而不是单个学生。抗逆教室项目中的关键问题是，一旦采取干预措施，教室环境是否会改善。

《残疾人教育改进法案》在 2004 年还承认积极行为干预和支持项目在学校中的重要性。积极行为干预和支持项目是一个决策系统，通过该系统学校可以建立常规和惯例，通过清楚地描述老师期望学生做出的适应性行为，并确保这些行为对学生有积极的影响，以此促使学生投入到适应性的、亲社会的行为中（Sugai，Horner，& McIntosh，2008）。抗逆教室与积极行为干预和支持项目一样强调数据和基于数据的决策，并仿照积极行为干预和支持项目将重点放在影响学生成功的学校系统上。抗逆教室对积极行为干预和支持项目的重要贡献之一是对有助于学生成功的积极的教室特征进行了操作性描述。

学校的反应干预项目、积极行为干预和支持项目的主流框架使用分层预防模型，以描述向学生提供的服务的连续性。最低的服务层（第一层）描述了通用项目和策略，它们是每个学生的学校经历中所不可或缺的。有效的第一层服务可最大限度地提高大多数学生的成功率。抗逆教室是第一层服务的示例，该服务为学校的学生营造了高效的学习环境。在第一层获得普遍支持但仍未能完全成功的学生将获得第二层支持。在许多学校中，学校的反应干预项目是第二层服务，用于识别个别学生的有效行为或进行教学干预。更高层次的服务代表了对尚未完全成功的学生的更密集的策略和支持。

在最佳系统中，学校和教室将使用基于数据的可靠策略，为学校中的每个学生提供高效的教学，建设优越的教室学习环境。教室和学生的目标将以精确、可操作的和积极的语言定义。当全班或全校的数据表明教学或学习环境都不理想时，将采用基于数据的决策策略来指导，制定干预措施来完善和加强。无论如何，学校将为那些在学习、行为或学习投入方面仍然存在困难的学生提供更高层级的密集支持，并始终以数据为指导，以验证学生对这些支持的反应是否成功。学校的反应干预项目、积极行为干预和支持项目、多层支持系统和抗逆教室都以共同且独特的方式为这一愿景做出了贡献。

将抗逆教室融入学校系统中

如何将抗逆教室融入到学校的结构中，使其成为众多支持学生成功的因素之一？系统变更原则表明，首先必须确定"守门员"，即在系统中具有决策权、资源分配能力和系统权威的人员（Curtis & Stollar，2002）。在学校中，"守门员"通常包括校长，但也可能包括很有影响力的老师、学校董事会成员或社区领袖。然后，至关重要的是确定将受到变革影响的利益相关者，例如学校的老师和学生家长，从设计之初就安排他们参与计划和决策的过程。下一步的重要步骤是为包括抗逆教室在内的更广泛的变革过程制定切合实际的具体目标。目的是提高学生的成功率吗？还是减少通过特殊计划服务的学生人数？抑或是增加教师参与学校改革的努力？最后，除了抗逆教室固有的影响之外，预测实施干预给学校带来的其他影响也是十分有价值的。例如，父母是否愿意参与学校运作的其他方面？会不会有来自任何个人或团体的抵制？

将抗逆教室融入学校的一种非常简单的方法是确定一位愿意接受该理念并具有合作精神的老师。理想的"开创性"教师应是对教学有影响力、乐于

> 确定一位愿意接受抗逆教室理念并具有合作精神的老师。

尝试新事物的人，并具有有效和创新的教学策略，可以丰富计划中的课堂变革策略。有些教师渴望探索社区意识、职业发展的途径，认识到提高教学和管理效率的重要性，学校无法满足这些需求，抗逆教室对这些教师很有吸引力，例如社区意识、职业发展的途径以及教学和管理效率的提高（Adelman & Taylor，2008）。在向教师介绍该模型时，我们简要总结了教室抗逆力模型，然后提供了一个或两个成功的教室变革项目的实例。没有什么能像成功一样滋生成功，而当这种早期的努力取得成功时，关于抗逆教室的消息就会被传开。

在许多学校中，教师尝试新方法的兴趣与感受到的校长支持有关（Vadasy，Jenkins，Antil，Phillips，& Pool，1997）。可以通过向校长介绍抗逆教室，呼吁他们关注纪律和高成就分数，并强调学习参与对于加强这些领域的重要性。如果通过书面建议概述抗逆教室的基本概念，阐明如何确定目标和解决问题，列出顾问将如何支持该项目的计划，校长将更容易接受。重要的是要说明抗逆教室活动如何自然地与教室团队的现有职能匹配，以及它

们如何影响团队成员定期执行其他任务。

一旦校长了解了抗逆教室如何增强教室功能，他们便可以抓住这一机会，为陷入困境的老师提供帮助。顾问应趁热打铁，强调当所有人自愿参加时，该策略效果最佳。尽管一些面临困境的老师可能是最早在课堂上寻求帮助的老师之一，但其他人仍将观望该策略是否奏效，然后再决定是否参与该计划。一旦在一个或多个教室中进行了抗逆教室项目，有必要定期向校长汇报正在实施抗逆教室干预措施的教室数量，以及正在处理的一般性问题。但是，应注意保持这些报告的通用性，以保持教师身份和有关进度的机密性。

第三种途径是将抗逆教室项目整合到运行成熟的、为儿童服务的学校计划中。例如，在某些情况下，可以帮助那些拥有强大的先期学生援助团队的学校先行使用改变教室的策略，而不是改变学生的策略。或者，学校的问责制或学校改进团队可以将抗逆教室的建设作为将改革工作转移到教室层面的策略。抗逆教室实践提供了策略，学生援助团队或学校改进团队可以因地制宜地使用这些策略，以适应每个教室的独特环境，并将那些必须在该系统中进行交互的人员纳入进来。

不可避免地，抗逆教室项目需要团队的努力。团队可以合理地领导教室干预计划，因为干预的基础知识是跨学科的，基础技能不是任何一个专业所独有的，并且团队成员的角色与各种教育角色兼容。即使有合作伙伴共同承担改变教室的责任，团队也不应过度投入。

一个学校变革的例子

一位资深的学校心理学家被分配到市中心的双语城市学校，该学校在州标准测试中表现不佳。该学区还为学校任命了新的校长，并允许学校用三年的时间来提高滞后的考试成绩，否则它将成为特许学校。学校心理学家与校长合作，邀请老师参加每周的班级会议，以提高学生的学习和社会目标设定技能，并在班级学生之间建立令人满意的关系（有关干预的详细信息，请参见第 8 章）。通过班级会议，学校心理学家能够解释州标准，直接支持学生在课堂上提升学习成绩的努力，并为教师可以模仿的新策略建模，以解决学生的动机和人际关系需求。同样重要的是，学校心理学家为整个学校的学生提供了广泛的选择，而校长也能通过强化学生的亲社会行为、提高学生学业成就表现而参与其中。老师们对这些改变学校的措施给予了很好的回应，不久之后，所有三至五年级的班级都每周召开一次班级会议。干预对学生和教师的影响是显著的，许多老师每周召开班级会议的频率超过一次，这是因为与学生的交流大大改善了。学生们为实现自己的学习和社会目标而感到兴奋，并期待着获得校长颁发的成就证书。图 10.1 是此类证书的示例。一些学生把这些证书带回家与父母分享，而另一些学生则将它们张贴在教室或走廊上。

图 10.1　成就证书示例

总　结

本书为抗逆教室建设提出了一个框架，对教室进行评估，确定了学习支持方面的弱点，系统地设计和实施了干预措施，并使用数据评估项目的影响。提出该框架不是为了替代当前的"改变孩子"的教育干预策略，而是提供一个有效的补充。德怀尔（Dwyer，2002）提出，学生的行为和社会化问题经常反映出对环境中刺激性因素的正常反应，而不是儿童内部的情感冲突。抗逆教室框架提供了另一种可以减少这些烦恼的服务形式，一位中学管理员这样解释："它就像一个鱼缸。其他所有的人来到我们学校，试图治好鱼。而你是想把水清理干净。"清理干净的水并不总能让鱼恢复健康，但在水变得干净之前，鱼几乎不可能保持健康。

> 在水变得干净之前，鱼几乎不可能保持健康。

附录 A 班级图谱量表

说明：这些问题问的是关于你的班级的真实情况。对于每个问题，圈出适合你的选项。不要把你的名字写在纸上。没有人会知道你的答案。

我是一个：□男孩 / 男性　□女孩 / 女性　我上____年级

相信自我

（　　）1. 在这个班上，你能正确完成作业吗？

　　　　A 从不　　　　　　B 有时　　　　　　C 经常　　　　　　D 几乎总是

（　　）2. 在学习上，你能做得和班上大多数同学一样好吗？

　　　　A 从不　　　　　　B 有时　　　　　　C 经常　　　　　　D 几乎总是

（　　）3. 你能在学习上帮助其他同学吗？

　　　　A 从不　　　　　　B 有时　　　　　　C 经常　　　　　　D 几乎总是

（　　）4. 在这个班上，你能成为一名好学生吗？

　　　　A 从不　　　　　　B 有时　　　　　　C 经常　　　　　　D 几乎总是

（　　）5. 做作业时，你能解决难题吗？

　　　　A 从不　　　　　　B 有时　　　　　　C 经常　　　　　　D 几乎总是

（　　）6. 当你努力时，能取得好成绩吗？

　　　　A 从不　　　　　　B 有时　　　　　　C 经常　　　　　　D 几乎总是

（　　）7. 你能掌握老师教的知识吗？

　　　　A 从不　　　　　　B 有时　　　　　　C 经常　　　　　　D 几乎总是

（　　）8. 如果你努力，能学习得很好吗？

A 从不　　　　　B 有时　　　　　C 经常　　　　　D 几乎总是

我的老师

（　　）9. 你发言时，班主任认真倾听吗？

A 从不　　　　　B 有时　　　　　C 经常　　　　　D 几乎总是

（　　）10. 你需要帮助时，班主任帮助你吗？

A 从不　　　　　B 有时　　　　　C 经常　　　　　D 几乎总是

（　　）11. 班主任尊重你吗？

A 从不　　　　　B 有时　　　　　C 经常　　　　　D 几乎总是

（　　）12. 班主任喜欢你在他／她的班上吗？

A 从不　　　　　B 有时　　　　　C 经常　　　　　D 几乎总是

（　　）13. 班主任上课生动有趣吗？

A 从不　　　　　B 有时　　　　　C 经常　　　　　D 几乎总是

（　　）14. 班主任认为你的学习总的来说还可以吗？

A 从不　　　　　B 有时　　　　　C 经常　　　　　D 几乎总是

（　　）15. 班主任对你公正吗？

A 从不　　　　　B 有时　　　　　C 经常　　　　　D 几乎总是

负责任

（　　）16. 对于在课堂上所学的内容，你想了解得更多吗？

A 从不　　　　　B 有时　　　　　C 经常　　　　　D 几乎总是

（　　）17. 作业交上去的时候，你能大致估计到分数／成绩吗？

A 从不　　　　　B 有时　　　　　C 经常　　　　　D 几乎总是

（　　）18. 你尽自己最大的努力学习了吗？

　　　　A 从不　　　　　　B 有时　　　　　　C 经常　　　　　　D 几乎总是

（　　）19. 在交作业之前，你会检查并改正可能出现的错误吗？

　　　　A 从不　　　　　　B 有时　　　　　　C 经常　　　　　　D 几乎总是

（　　）20. 你学习是因为自己想学习而不是父母或老师叫你学习吗？

　　　　A 从不　　　　　　B 有时　　　　　　C 经常　　　　　　D 几乎总是

（　　）21. 如果在学习中遇到困难，你会不断努力直到解决它为止吗？

　　　　A 从不　　　　　　B 有时　　　　　　C 经常　　　　　　D 几乎总是

（　　）22. 你认为在课堂上所学的知识对你将来有用吗？

　　　　A 从不　　　　　　B 有时　　　　　　C 经常　　　　　　D 几乎总是

（　　）23. 做作业时，你能注意到自己的错误吗？

　　　　A 从不　　　　　　B 有时　　　　　　C 经常　　　　　　D 几乎总是

我的同学

（　　）24. 在这个班上，你和朋友一起玩得很开心吗？

　　　　A 从不　　　　　　B 有时　　　　　　C 经常　　　　　　D 几乎总是

（　　）25. 你的朋友非常关心你吗？

　　　　A 从不　　　　　　B 有时　　　　　　C 经常　　　　　　D 几乎总是

（　　）26. 课间，有朋友和你一起玩吗？

　　　　A 从没　　　　　　B 有时　　　　　　C 经常　　　　　　D 几乎总是

（　　）27. 你的朋友认可并喜欢你吗？

　　　　A 从不　　　　　　B 有时　　　　　　C 经常　　　　　　D 几乎总是

（　　）28. 你的朋友喜欢你就像他们喜欢其他同学一样吗？

　　　　A 从不　　　　　　B 有时　　　　　　C 经常　　　　　　D 几乎总是

（　　）29. 如果有人欺负你，你的朋友会帮助你吗？

　　　　A 从不　　　　　　B 有时　　　　　　C 经常　　　　　　D 几乎总是

遵循班级规则

（　　）30. 上课时，班上大多数同学都比较安静、不吵闹吗？

       A 从不　　　　　B 有时　　　　　C 经常　　　　　D 几乎总是

（　　）31. 老师讲解时，班上大多数同学都认真听讲吗？

       A 从不　　　　　B 有时　　　　　C 经常　　　　　D 几乎总是

（　　）32. 班上大多数同学都比较遵守纪律吗？

       A 从不　　　　　B 有时　　　　　C 经常　　　　　D 几乎总是

（　）　33. 班上大多数同学在上课时都专心致志吗？

       A 从不　　　　　B 有时　　　　　C 经常　　　　　D 几乎总是

（　　）34. 该做作业时，班上大多数同学都在做作业吗？

       A 从不　　　　　B 有时　　　　　C 经常　　　　　D 几乎总是

（　　）35. 班上大多数同学在遵守校纪班规方面，教师在与不在，表现都比较
好吗？

       A 从不　　　　　B 有时　　　　　C 经常　　　　　D 几乎总是

和父母谈话

（　　）36. 父母和你谈论学习成绩吗？

       A 从不　　　　　B 有时　　　　　C 经常　　　　　D 几乎总是

（　　）37. 父母和你谈论课堂上所学的知识吗？

       A 从不　　　　　B 有时　　　　　C 经常　　　　　D 几乎总是

（　　）38. 父母和你谈论家庭作业吗？

       A 从不　　　　　B 有时　　　　　C 经常　　　　　D 几乎总是

（　　）39. 你做家庭作业需要帮助时，父母帮助你吗？

A 从不　　　　　B 有时　　　　　C 经常　　　　　D 几乎总是

（　　）40. 父母和你谈论如何在班上做得更好吗？

A 从不　　　　　B 有时　　　　　C 经常　　　　　D 几乎总是

（　　）41. 父母和你谈论你在这个班上做得好的地方吗？

A 从不　　　　　B 有时　　　　　C 经常　　　　　D 几乎总是

（　　）42. 父母和你谈论你在这个班上存在的问题吗？

A 从不　　　　　B 有时　　　　　C 经常　　　　　D 几乎总是

我所担心的

（　　）43. 你担心别的同学对你不好吗？

A 从不　　　　　B 有时　　　　　C 经常　　　　　D 几乎总是

（　　）44. 你担心别的同学说关于你的谎话吗？

A 从不　　　　　B 有时　　　　　C 经常　　　　　D 几乎总是

（　　）45. 你担心别的同学故意伤害你吗？

A 从不　　　　　B 有时　　　　　C 经常　　　　　D 几乎总是

（　　）46. 你担心别的同学说你的坏话吗？

A 从不　　　　　B 有时　　　　　C 经常　　　　　D 几乎总是

（　　）47. 你担心别的同学故意孤立你吗？

A 从不　　　　　B 有时　　　　　C 经常　　　　　D 几乎总是

（　　）48. 你担心别的同学试图离间你和朋友吗？

A 从不　　　　　B 有时　　　　　C 经常　　　　　D 几乎总是

（　　）49. 你担心别的同学让你做不想做的事吗？

A 从不　　　　　B 有时　　　　　C 经常　　　　　D 几乎总是

（　　）50. 你担心别的同学拿你的东西吗？

A 从不　　　　　B 有时　　　　　C 经常　　　　　D 几乎总是

这个班级的孩子们

（　　）51. 班上的同学经常相互吵架吗？

    A 从不　　　　　　B 有时　　　　　　C 经常　　　　　　D 几乎总是

（　　）52. 班上的同学相互捉弄取笑吗？

    A 从不　　　　　　B 有时　　　　　　C 经常　　　　　　D 几乎总是

（　　）53. 班上的同学相互戏弄或相互喊外号吗？

    A 从不　　　　　　B 有时　　　　　　C 经常　　　　　　D 几乎总是

（　　）54. 班上的同学相互打架或推搡吗？

    A 从不　　　　　　B 有时　　　　　　C 经常　　　　　　D 几乎总是

（　　）55. 班上的同学相互之间说对方的坏话吗？

    A 从不　　　　　　B 有时　　　　　　C 经常　　　　　　D 几乎总是

谢谢你的参与！

/ 附录 B　任务单 /

第二步任务单：班级会议记录表 [1]

班级：	班级会议日期：
问题一：你认为班级数据准确吗？ 回答：	
问题二：你认为是什么导致了这些问题？ 回应：	
问题三：你认为老师可以采取什么不同的方法使事情变得更好？ 回答：	

---

[1]　由贝斯·多尔、凯瑟琳·布雷姆和史蒂文·朱克（2014）提供，版权归吉尔福德出版社所有，复印许可仅限本书的购买者个人使用（详见版权页）。

班级：	班级会议日期：

问题四：你认为学生们可以做些什么来使事情变得更好？
回答：

你认为教室数据准确吗？从下列选项中选一个。
□完全不准确
□不准确
□一般
□比较准确
□非常准确

班里学生用什么词汇描述这个问题？

学生们认为是什么导致了这个问题？

学生们认为他们可以做些什么来让事情变得更好？

学生们认为老师可以做些什么来使事情变得更好？

第二步任务单：理解教室数据 [①]

班级：	目标设定日期：

你的教室数据显示了哪些优势？

你希望看到哪些薄弱环节得到改善？

哪一个是最需要改变的薄弱环节？

除了教室数据外，你还有什么其他的证据证明这个薄弱环节是教室的问题吗？

在什么时间和地点，这个薄弱环节对班级来说是一个特别需要关注的问题？

---

① 由贝斯·多尔、凯瑟琳·布雷姆和史蒂文·朱克（2014）提供，版权归吉尔福德出版社所有，复印许可仅限本书的购买者个人使用（详见版权页）。

班级：	目标设定日期：

在什么时间和地点，这个薄弱环节对班级来说不存在或不是一个问题？

当这个薄弱环节表现为一个特别的问题时，教室里还会发生什么，或者不会发生什么？（示例可能包括在场的某些人员、小组的规模、一天的时间、座位的安排、对某项任务的期望等。）

一旦这个薄弱环节被"改善"了，教室会变成什么样子？
- 到底会有什么变化？
- 会改变多少？
- 成功看起来和听起来会是什么样子？

抗逆教室的目标是什么？

班级：	目标设定日期：

你如何知道班级是否达到了目标？

还有哪些额外的教室数据可以反映教室目标已达到？
- 将收集什么样的数据？
- 谁来收集数据？
- 什么时间收集数据？频率是多少？

在班级会议上，你想向全班展示哪些教室数据？（可以考虑在第一个图表中显示一个优点，在第二个图表中反映一个薄弱环节。）

班级：	计划日期：

你的抗逆教室目标是什么？

你的教室数据显示了什么？
- 收集了什么数据？
- 谁收集的数据？
- 收集时间和频率？
- 数据显示了什么？

你的规划改革有哪些？
- 从班级会议或数据收集中了解到哪些新信息？
- 为了达到这个目标，这个班可以做些什么？选项可能包括以下一种或多种：

改变教室常规□
改变教师行为□
改变学生行为□
改善教师技能□
改变教室的设施（通过添加或重新排列现有的事物）□
改变操场或其他学校设施的环境（通过添加或重新排列现有的事物）□
修改教室纪律规则□
其他□

---

① 由贝斯·多尔、凯瑟琳·布雷姆和史蒂文·朱克（2014）提供，版权归吉尔福德出版社所有，复印许可仅限本书的购买者个人使用（详见版权页）。

班级：	计划日期：

教室里会有什么变化？

变化 1：

变化 2：

变化 3：

变化 4：

* 接下来，在干预计划记录表中记录每个改变，并记录谁将做出这个改变，以及何时、何地。

是否应更改数据收集计划？
- 收集不同的数据？
- 改变数据收集者？
- 什么时间？频次多少？

第三步工作表：干预计划记录表 [①]

班级：	记录周次：

变化 / 活动 1	
将采取什么措施？ _____	
谁来做这件事？ _____	
什么时间？什么地点？ _____	
变化完成了吗？ 　是□ 　部分完成□ 　否□	

变化 / 活动 2	
将采取什么措施？ _____	
谁来做这件事？ _____	
什么时间？什么地点？ _____	
变化完成了吗？ 　是□ 　部分完成□ 　否□	

变化 / 活动 3	
将采取什么措施？ _____	
谁来做这件事？ _____	
什么时间？什么地点？ _____	
变化完成了吗？ 　是□ 　部分完成□ 　否□	

变化 / 活动 4	
将采取什么措施？ _____	
谁来做这件事？ _____	
什么时间？什么地点？ _____	
变化完成了吗？ 　是□ 　部分完成□ 　否□	

数据收集

收集什么数据？ _____

这些数据是什么时间被收集的？

时间	周一	周二	周三	周四	周五

附上实际的数据记录。

---

① 由贝斯·多尔、凯瑟琳·布雷姆和史蒂文·朱克（2014）提供，版权归吉尔福德出版社所有，复印许可仅限本书的购买者个人使用（详见版权页）。

图书在版编目（CIP）数据

抗逆教室：让学习不再艰难：第 2 版 /（美）贝斯·多尔，（美）凯瑟琳·布雷姆，
（美）史蒂文·朱克著；任明满，倪虹，钱荃译.
—上海：华东师范大学出版社，2023
ISBN 978-7-5760-3729-6

I.①抗 … II.①贝 … ②凯 … ③史 … ④任 … ⑤倪 … ⑥钱 … III.①课堂教学—教学研究
IV.① G424.21

中国国家版本馆 CIP 数据核字（2023）第 069713 号

大夏书系｜西方教育前沿

抗逆教室：让学习不再艰难（第 2 版）

著　　者	[美]贝斯·多尔　[美]凯瑟琳·布雷姆　[美]史蒂文·朱克
译　　者	任明满　钱　荃　倪　虹
策划编辑	程晓云
责任编辑	韩贝多
责任校对	杨　坤
封面设计	奇文云海·设计顾问

出版发行	华东师范大学出版社
社　　址	上海市中山北路 3663 号　邮编 200062
网　　址	www.ecnupress.com.cn
电　　话	021-60821666　行政传真 021-62572105
客服电话	021-62865537
邮购电话	021-62869887
地　　址	上海市中山北路 3663 号华东师范大学校内先锋路口
网　　店	http://hdsdcbs.tmall.com/

印　刷　者	北京密兴印刷有限公司
开　　本	700×1000　16 开
印　　张	12.5
字　　数	185 千字
版　　次	2023 年 8 月第一版
印　　次	2023 年 8 月第一次
印　　数	6 000
书　　号	ISBN 978-7-5760-3729-6
定　　价	55.00 元

出　版　人　　王　焰
（如发现本版图书有印订质量问题，请寄回本社市场部调换或电话021-62865537联系）